中国外语教育研究丛书
刘道义　主编

程晓堂　著

核心素养下的英语教学理念与实践

HEXIN SUYANG XIA DE YINGYU JIAOXUE LINIAN YU SHIJIAN

GEP 广西教育出版社
南宁

序　一

由广西教育出版社策划、刘道义研究员主编的“中国外语教育研究丛书”是出版界和外语教学界紧密合作的一个重大项目。广西教育出版社归纳了本丛书的几个特色：基于中国特色的比较研究，原创性、研究性和可操作性，理论与实践相结合，学科和语种相融合，可读性较强。道义研究员则谈到五点，即理论性、实践性、创新性、研究性、可读性。我非常赞同来自出版社和主编的归纳和总结，尽可能不再重复。在这里，只是从时代性方面汇报一下自己的感受。第一，本丛书上述各个特色具有新时期所散发的时代气息。众所周知，我国的外语教育在20世纪50年代以俄语及其听、说、读、写四项技能的教学为主，改革开放后强调的是英语交际教学法。进入新时期后，我国外语教育的指导思想着眼于如何更好地为“一带一路”倡议和“教书育人”素质教育服务。应该说，外语教材和有关外语教学理念的专著在我国不同时期均有出版，但本丛书更能适应和满足新时期的要求。如果说过去出版社关注的是如何让外语教材在市场上占有一定的份额，那么，本丛书更关注的是如何指导外语教师做好本职工作，完成国家和学校所交给的任务，让学生收到更好的学习效果，让家长和社会提高对外语教学重要性的认识。当然，这套丛书也帮助外语教师实现从“教书匠”转变为真正的外语教学工作者，使他们既是教师，又是研究者。第二，本丛书的内容不仅适用于英、俄、日、法、德等传统外语语种，也适用于其他非通用语种。第三，就本丛书的选题而言，除传统的技能教学和教育学外，还有社会学、心理学、哲学、美学、神经学等内容。这体现了当代多种学科相互融合的先进思想。随着信息技术的发展，多模态的课堂教学和网络教学已成为本丛书关注的选题内容。

我和本丛书的主编刘道义研究员相识多年。由于她从不张扬，因此我有必要以老大哥的身份来介绍一下她。第一，道义自1960年从北京外国语学院（今北京外国语大学）毕业后，从事大、中、小学英语教学工作17年，对不同层次的外语教学均有亲身体验。第二，从1977年8月起，道义参加了历次的全国中小学英语教学大纲编制工作，编写和修订了12套中小学英语教材，并承担其中9套教材的主编工作；编著教师理论丛书4套、中学生英语读物2套、英语教学辅助丛书3套；发表有关英语教学改革的文章百余篇。由此可见，除参与教学实践外，她还长期从事外语教学理论的研究。最近在许多学校内时有争论，那就是教师只要教书即可，不必费神搞研究。我想道义以自己的行动回答了这个问题。第三，道义曾任教育部中小学教材审定委员会英语专家组组长、中国教育学会外语教学专业委员会理事长、课程教材研究所副所长、人民教育出版社副总编辑。这表明道义具有很强的领导和组织能力。第四，道义曾任党的十四大代表，我认为这说明了道义本人的政治品质好。党员既要把握正确的政治方向，又要在业务工作中起表率作用。所有这些归纳成一句话，本丛书主编非道义莫属。

除道义外，本丛书汇聚了我国从事外语教育研究的专家和名师。以道义所在的人民教育出版社为例，就有吴欣、李静纯、唐磊三位研究员参与编写工作。我退休后曾经在北京师范大学兼课10年，见到丛书各分册的作者名单上有王蔷、程晓堂、罗少茜等大名，顿时兴奋起来。这些当年的同事和年轻学者承担了本丛书15卷编写任务中的4卷，实力雄厚，敢挑重担，我为之感到骄傲。作者名单上国内其他师范院校从事外语教育的领导和专家有华东师范大学的邹为诚、华南师范大学的何安平、东北师范大学的高凤兰、浙江师范大学的付安权、福建师范大学的黄远振、天津师范大学的陈自鹏，来自综合性大学的则有清华大学的崔刚、范文芳和中国人民大学的庞建荣。在这个意义上，本丛书是对我国外语教育研究力量的一次大检阅。难怪本丛书的一个特色是中外外语教育思想和理论的比较研究，而且重点是中国外语教育的实践和理论。上述作者中不少是我的老相识。虽然有的多年未见，如今见到他们仍活跃在第一线，为我国的外语教育事业而奋斗，令我肃然起敬。祝他们身体健康，在事业上更上一层楼。上述作者中有两位（范文芳教授和程晓堂教授）是我在北京大学和北京师范大学指导过的博士生。目睹当年勤奋学习的年轻学子，现已成为各自学校的教学科研骨干，内心一方面感到欣慰，一方面感到自己落在后面了。

本丛书的策划者广西教育出版社成立于1986年12月。就出版界来说，时间不算太早，但本丛书的成功出版在于该社英明的办社方针。据了解，该社主要出版教育类图书。其中教师用书和学术精品板块是该社最为器重的。本丛书的良好质量和顺利出版还得益于该社两个方面的经验。首先，早在20世纪90年代，该社已出版了一套外语学科教育理论丛书（胡春洞、王才仁主编）。该丛书总结了改革开放后外语学科教育研究的成果，展示了其发展的前景，给年轻一代学者的成长提供了帮助，在外语教学界产生了很好的影响，为本丛书的组织和编写提供了宝贵的经验。其次，新时期以来，该社相继出版了数学、化学、物理、语文等学科教育研究丛书，积累了较多经验，如今策划、组织和出版“中国外语教育研究丛书”更是驾轻就熟。

天时、地利、人和，在此背景下诞生的“中国外语教育研究丛书”必然会受到国内外外语教学界和出版界的欢迎和重视。我很荣幸，成了第一批点赞人。

胡壮麟

北京大学外国语学院

2016年12月1日

胡壮麟简介：教育部基础教育课程教材专家咨询委员会委员，北京大学资深教授、博士生导师。曾任教育部高等学校外语专业教学指导委员会委员、英语组副组长，中国英语教学研究会副会长，中国语言与符号学研究会会长，中国高校功能语法教学研究会会长。

序　二

一年多以前，当我接到广西教育出版社的邀请，让我主编一套外语教育理论研究丛书时，我欣然接受了。我担此重任的这份自信并非源于自己的学术水平，而是出自我对外语教育事业的责任和未竟的情结。

我这辈子从事外语教育，无非是跟书打交道：读书、教书、编书、写书。虽然教书认真，有良好的英语基础，但成绩平平。因为缺乏师范教育，并不懂得有效的教学方法。然而，17 年的大、中、小学教学为我后来的编书和写书提供了宝贵的实践经验。改革开放后，我有幸参加了国家英语课程和教材的研制工作，零距离地与教育专家前辈共事，耳濡目染，有了长进；又有幸出国进修、考察，与海外同行交流切磋，合作编写教材、研究教法、培训师资，拓宽了视野。由于工作需要，我撰写了不少有关英语教育、教学的文章。文章虽多，但好的不多。为了提升自己的理论水平，我对语言教学理论书籍产生了浓厚的兴趣。退休后有了闲空，我反倒读了许多书，而这些书很给力，帮助我不断写文章、写书。2015 年，我实现了一个心愿，就是利用我的亲身经历为我国的英语教育做些总结性的工作。我与同行好友合作，用英文撰写了《英语教育在中国：历史与现状》一书，又用中文写了《百年沧桑与辉煌——简述中国基础英语教育史》和《启智性英语教学之研究》等文章。

我已近耄耋之年，仍能头脑清楚，继续笔耕不辍，实感欣慰。

当我正想动笔写一本书来总结有关英语教材建设的经验时，我收到了广西教育出版社的邀请信。这正中我的下怀，不仅使我出书有门，还能乘此机会与外语界的学者们一起全面梳理改革开放以来，特别是这十几年的外语教育教学的研究成果。我计划在20世纪90年代出版的，由胡春洞、王才仁先生主编的外语学科教育理论丛书的基础上进行更新和补充。发出征稿信后，迅速得到了反馈，10所大学及教育研究机构的多位学者积极响应，确定了15个选题，包括外语教学论、教与学的心理过程研究、课程核心素养、教学资源开发、教学策略、教学艺术论、教师专业发展、信息技术的运用、教材的国际比较研究等。

作者们都尽心尽力，克服了种种困难，完成了写作任务。我对所有的作者深表谢意。同时，我还要感谢胡壮麟教授对此套丛书的关心、指导和支持。

综观全套丛书，不难发现此套丛书的特点主要反映在以下几个方面：

一、理论性。理论研究不仅基于语言学、教育学，还涉及社会学、心理学、哲学、美学、神经学等领域。语种不只限于英语，还有日语和俄语。因此，书中引用的理论文献既有西方国家的，也有东方国家的。

二、实践性。从实际问题出发，进行理论研究与分析，提供解决问题的策略和案例。

三、创新性。不只是引进外国的研究成果，还反映了我国改革开放以来的教育改革历程，具有鲜明的中国特色，而且还开创了基础教育教材国际比较的先例。

四、研究性。提供了外语教育科学研究的方法。通过案例展示了调查、实验和论证的过程，使科学研究具有可操作性和说服力。

五、可读性。内容精练，言简意赅，深入浅出，适合高等院校、基础教育教学与研究人员阅读。

此套丛书为展示我国近十几年的外语教育理论研究成果提供了很好的平台，为培养年轻的外语教育研究人才提供了很好的平台，为广大外语教研人员共享中外研究成果提供了很好的平台，也在高等教育机构的专家和一线教学人员之间建起了联通的桥梁。为此，我衷心感谢平台和桥梁的建造者——广西教育出版社！

我除组稿外，还作为首位读者通读了每一本书稿，尽了一点儿主编的职责。更重要的是，我从中了解到了我国外语教育近期的发展动态，汲取了大量信息，充实了自己，又一次体验了与时俱进的感觉。为此，我也很感谢广西教育出版社给了我这个学习的机会。

1998年，我曾经在我的文章《试论我国基础外语教学现代化》中预言过，到21世纪中叶中华人民共和国成立一百年时，我国的基础外语教学将基本实现现代化。今天，这套丛书增强了我的信心。我坚信，到那时，中国不仅会是世界上一个外语教育的大国，而且会成为一个外语教育的强国，将会有更多的中国成功经验走出国门，贡献给世界！

刘道义

2016年11月21日

刘道义简介：课程教材研究所研究员、人民教育出版社编审。曾任中国教育学会外语教学专业委员会理事长、课程教材研究所副所长、人民教育出版社副总编辑。曾参与教育部中学英语教学大纲的编订和教材审定工作。参加了小学、初中、高中12套英语教材和教学参考书的编写和修订工作。著有《刘道义英语教育自选集》《英语教育在中国：历史与现状》，主编“著名英语特级教师教学艺术丛书”、《基础外语教育发展报告（1978—2008）》、《新中国中小学教材建设史1949—2000研究丛书：英语卷》等，并撰写了有关英语教育与教学的文章100多篇。

前　言

2014年，教育部启动普通高中各学科课程标准的修订工作。此次课程标准修订工作的指导思想是全面贯彻党的教育方针，落实立德树人根本任务，发展素质教育；关注学生个性化、多样化的学习和发展需求，促进人才培养模式的转变，着力发展学生的核心素养。发展学生的核心素养成为各学科课程的主要目标。在此背景下，核心素养成为基础教育领域的一个关键概念，专家学者和一线教师开始积极探索如何在各学科的教育教学过程中落实立德树人根本任务，发展学生核心素养。本书就是在这一背景下完成的。

英语学科是基础教育阶段的主要学科之一。英语课程具有重要的育人功能，旨在发展学生的语言能力、文化意识、思维品质和学习能力等英语学科核心素养。《普通高中英语课程标准（2017年版）》（教育部，2018b）指出，实施普通高中英语课程应以德育为魂、能力为重、基础为先、创新为上，注重在发展学生英语语言运用能力的过程中，帮助他们学习、理解和鉴赏中外优秀文化，培育中国情怀，坚定文化自信，拓展国际视野，增进国际理解，逐步提升跨文化沟通能力、思辨能力、学习能力和创新能力，形成正确的世界观、人生观和价值观。

课堂是实施英语课程的主要场所。发展学生英语学科核心素养主要通过课堂教学来实现。基于核心素养的英语教学实际上涉及英语课程与教学的方方面面，如：英语课程的性质、目的和目标，英语课程内容，英语课程学业质量标准，英语课堂教学方法与过程，英语教材的编写与选用，英语教学中的考试与测评，英语课程资源的开发与利用。本书选择了部分关键问题展开讨论。本书的章节内容安排如下：

第一章是概论，主要概述英语学科核心素养的研究现状以及英语学科核心素养的实质内涵。

第二章讨论基于核心素养的课程目标与内容，特别是修订后的高中英语课程的目标与内容。准确把握课程目标与内容，是落实核心素养的前提条件。

第三章解读基于核心素养的高中英语学业质量标准。研制学业质量标准是本次高中英语课程标准修订的一个亮点和创新点。学业质量标准在今后的英语教学与评价中将起到非常重要的作用。

第四章重点论述以发展学生核心素养为目的的英语课堂教学的理念和方法。课堂教学是实施英语课程的关键环节，也是发展学生学科核心素养的关键所在。新的课程理念、课程目标、课程内容都需要通过课堂教学的改革与创新来体现。本章的重点是探讨如何通过创新课堂教学发展学生核心素养。

第五章聚焦核心素养下思维能力的培养。之所以专门安排一章探讨思维能力的培养问题，一是因为课程标准首次将思维品质单独列为课程目标之一，凸显其重要性；二是因为很多一线教师对如何在英语教学中渗透思维能力的培养存在很多困惑和误区。

第六章讨论基于核心素养的英语考试与测评。发展学生核心素养不仅需要以完备的课程体系和优化的课堂教学为基础，还需要有相应的考试与评价为其保驾护航。根据英语学科核心素养的实质内涵以及核心素养的表现形式，本章尝试提出基于问题情境的英语考试命题的理念与实践途径，希望为今后的英语考试与测评提供参考。

第七章是基于核心素养的小学英语教学。本书大部分章节与中学英语教学的关系更为紧密，讨论中使用的例子也主要针对高中或初中英语课堂教学。但是，很多小学英语教师也非常关注如何在英语课堂教学中落实核心素养。理论上讲，基于核心素养的英语教学基本理念和方法既适用于中学，也适用于小学。然而，小学英语教学与中学英语教学还是有很多不同之处。为了满足小学英语教师的需求，本书特意安排了这一章专门探讨核心素养下的小学英语教学的有关问题。

第八章论述核心素养背景下英语教学如何与信息技术深度融合。英语教育与信息技术的结合，不再是该不该做的问题，而是如何做的问题。将信息技术深度融入英语教学，必将有力促进基于核心素养的英语教学的改革与发展。

第九章讨论核心素养背景下英语课程资源的开发与利用。课程资源是实施课程的条件保证。为了发展学生核心素养，需合理开发和有效利用与英语课程内容和目标相适应的课程资源。

第十章是对今后英语课程及英语教育发展趋势的展望。英语课程及教育教学的改革将继续朝着正确的方向发展，但也会面临更多的挑战。

本书部分章节是作者在参与《普通高中英语课程标准（2017 年版）》的修订工作过程中完成的。为了及时与同行分享和交流研究成果，这些章节的部分内容陆续在学术期刊发表。具体情况已在相关章节的尾注里写明。

本书在写作过程中得到了丛书主编刘道义编审的大力支持与帮助。刘道义老师不仅对本书的选题、编写思路和内容安排提出了建设性意见，而且审阅了全书初稿，提出了宝贵的修改意见。广西教育出版社的黄力平编审以及其他编辑人员为本书的编写和出版也付出了辛劳。笔者向刘道义老师和出版社的编辑人员表示最诚挚的谢意！另外，我也借此机会向我的导师胡壮麟教授表示感谢。他不仅不辞辛劳为丛书作序，而且还给我们后学极大的鼓励和支持。

由于时间和精力所限，本书的编写一定存在不足之处，恳请广大读者批评指正。

2020年夏

目　录

第一章　英语学科核心素养概论

2014年3月，教育部发布《教育部关于全面深化课程改革落实立德树人根本任务的意见》(教育部，2014)(以下简称《意见》)，提出了“核心素养”这一重要概念。教育部要求研制和构建中国学生发展核心素养体系，以此推进基础教育课程改革的深化和发展。《意见》发布以后，关于学生发展核心素养的讨论迅速成为教育界关注的热点问题。核心素养成为修订普通高中各学科课程标准的风向标。有关核心素养的定义、内涵、培养途径、测评方法等，成为国内学界探讨的重要课题。

第一节　核心素养理论与实践研究现状

核心素养是学生在接受相应学段教育过程中，逐步形成的适应个人终身发展和社会发展需要的必备品格与关键能力（辛涛 等，2016）。中国学生发展核心素养体系包括人文底蕴、科学精神、学会学习、健康生活、责任担当和实践创新六大素养。这六大素养概括起来包括三个方面：文化基础、自主发展和社会参与。文化基础，重在强调能习得人文、科学等各领域的知识和技能，掌握和运用人类优秀智慧成果，涵养内在精神，追求真善美的统一，发展成为有宽厚文化基础、有更高精神追求的人。自主发展，重在强调能有效管理自己的学习和生活，认识和发现自我价值，发掘自身潜力，有效应对复杂多变的环境，成就出彩人生，发展成为有明确人生方向、有生活品质的人。社会参与，重在强调能处理好自我与社会的关系，养成现代公民所必须遵守和履行的道德准则和行为规范，增强社会责任感，提升创新精神和实践能力，促进个人价值实现，推动社会发展进步，发展成为有理想信念、敢于担当的人。

学生发展核心素养主要是通过基础教育阶段各学科的教育教学来实现的。各学科的课程都要为发展学生的核心素养服务，都要结合学科内容帮助学生发展核心素养。所以，在“核心素养”这个大概念下，衍生出学科核心素养的概念，如语文学科核心素养、数学学科核心素养、英语学科核心素养。在核心素养背景下，每一门学科都要充分挖掘课程独特的育人价值，充分阐释对于学生核心素养培育的独特意义，基于学科本质将课程目标进一步凝练为学科核心素养，即学生修习学科课程后所应达成的正确价值观念、必备品格和关键能力（郑葳 等，2018）。所谓学科核心素养，即适应信息文明要求和未来社会挑战，运用学科核心观念、通过学科实践，以解决复杂问题的学科高级能力与人性能力。该能力以学科理解或思维为核心，受内部动机所驱使，贯穿人的毕生而发展（张华，2019）。

理论上讲，学生发展核心素养是不分学科的。也就是说，并非各个学科都各自拥有不同的核心素养体系。如果各学科都有不同的核心素养，那么核心素养就不是真正意义的“核心”素养了。因此，准确地说，学科核心素养应该是学生通过学习某个学科而形成的某些核心素养。但是，这些核心素养的形成也不是一个学科的“功劳”，很可能是多个学科共同的“功劳”。显然，不同学科对促进学生核心素养的形成和发展所起的作用是不同的。

从目前的情况来看，无论是在理论层面上，还是在实践操作层面上，都有必要开展基于特定学科的核心素养研究。因此，为了更好地理解核心素养背景下英语教学理念与实践，我们首先需要了解国内外核心素养理论与实践研究的背景，探讨中国语境下发展学生英语学科核心素养的价值，阐释英语学科核心素养的内涵。

虽然国内从政策层面上提出核心素养的概念是近几年的事情，但国内教育界对核心素养的概念并不陌生。世界上很多国家和国际组织已经提出了适用于本国或相关地区（组织）的核心素养框架，并制定了相应的教育政策。我国已有不少学者介绍了这些方面的情况，也探讨了其对中国教育改革的启示。

一、关于核心素养内涵的研究

描述和界定学生核心素养是世界教育改革浪潮中反复摸索与实践的产物（辛涛 等，2013）。虽然现有文献对核心素养内涵的阐述各有不同，但是这一概念所体现的以人为本的教育思想和回归教育“育人”本质的思想是被广泛认同的。核心素养的关键问题实际上是培养什么样的人。基于核心素养的教育，既包括传统的知识与能力的学习，更强调学生的全面发展和终身学习，特别关注人与社会的统一和协调发展。这一思想与经济合作与发展组织（OECD，简称经合组织）的核心素养模型中的人与工具、人与自己、人与社会三个维度也大致相符。

在阐述或定义核心素养时，许多研究者参考了国外已有的较成熟的概念体系，并探讨了这些体系对构建我国学生核心素养模型的启示，如裴新宁、刘新阳（2013）和张娜（2013）分别梳理了欧盟和 OECD 的核心素养模型的发展历程和关键概念，并为我国核心素养的研究提出了建议。这些建议主要集中在核心素养的研究过程和对核心素养的遴选与界定上。例如，核心素养的研究过程，应当综合各个学科领域专家的意见，综合考虑利益相关者的意见，应得到大规模调查数据的支撑和政策支持（刘新阳 等，2014）。描述和界定核心素养应注意结合我国的文化背景和教育情境（褚宏启 等，2015），选取那些可教可学的、具有普遍性和关键性的素养（施久铭，2014；常珊珊 等，2015）。虽然这些启示和建议仍有待落实，但为研究者借鉴国外经验提供了思路。

值得注意的是，一些研究者结合我国的教育文化背景，对研制学生核心素养提出了建设性的建议，如柳夕浪（2014a）认为，应借鉴核心素养的研究成果来丰富和完善我国的素质教育。辛涛、姜宇（2015）提出，应围绕社会主义核心价值观构建我国学生核心素养模型。辛涛等（2013）从建立教育质量标准的需求、我国的教育目标、国外对核心素养的遴选原则等几方面解读了核心素养。他们指出，核心素养的含义比能力的意义更加宽泛，既包括传统教育领域的知识和能力，还包括学生的情感、态度和价值观。学生核心素养是从人的全面发展角度出发，体现促进人的全面发展、适应社会需要这一要求。核心素养的获得是为了使学生能够发展成为健全的个体，并为终身学习、终身发展打下良好的基础。

二、关于核心素养培养途径与措施的研究

由于我国的核心素养研究刚刚起步，许多研究者都在关注其他国家和地区较为成熟的经验，探讨值得借鉴的培养核心素养途径和措施。最受关注的三项措施是基于核心素养的课程体系设计、评价体系设计和教学方法创新。其中，课程体系、评价体系与核心素养有不同程度的结合或互动；教学方法是落实核心素养培养的主要手段之一，需要核心素养模型的指导。

（一）核心素养与课程体系

核心素养是对教育目标的诠释，与课程体系的结合是一种国际趋势（邵朝友 等，2015）。有学者甚至说“核心素养是课程设计的DNA”（蔡清田，2015）。要想通过课程设计将核心素养落实到教育过程中，一个关键问题是厘清课程设计与核心素养的关系。辛涛等（2014）归纳了核心

素养与课程体系互动的三种模式：第一种是核心素养独立于课程体系之外并相互融合，以美国、澳大利亚、中国台湾等国家和地区为代表；第二种是在课程体系中设置学生核心素养，两者紧密结合，以芬兰为代表；第三种是通过课程设置体现学生的核心素养，而并没有单独规定核心素养的部分，以日本和韩国为代表。

在探讨核心素养与课程体系的关系时，许多研究者提到了核心素养与各学科领域的关系。邵朝友等（2015）将二者的关系分为以新西兰为代表的“一对总”和以中国台湾为代表的“一对分”两类，即每个学科承担所有核心素养的培养、每个学科有针对性地承担部分核心素养的培养。成尚荣（2015）主张采取“一对分”的处理方式来研制学科核心素养。曹培英（2015）以数学学科为例，探讨了数学思想如何融入数学课程，体现育人价值（在欧盟一些国家和地区的核心素养模型中包含数学素养）。这也可视为“一对分”的类型。一些研究者还提出了大概念、大观念、课程整合、学科整合等相关概念。例如，柳夕浪（2014b）提出应关注大概念，并借鉴美国《K-12年级科学教育的框架》中的“更少、更高、更清晰”的教育标准，分析了生物课程标准对概念体系的精简和对重要概念的提炼。

不同国家和地区在处理核心素养与课程体系的关系时，采取的方略不尽相同。但有一点认识是共同的，即核心素养的培养要依靠学校的课程；每个学科的课程都应该且可以为发展学生核心素养做贡献，尽管不同学科的贡献是不同的。因此，在核心素养背景下，探讨不同学科的育人价值是当前学界需要研究的重要课题之一。

（二）核心素养与评价体系

核心素养不仅应该与课程体系紧密结合，也应该成为衡量教育质量的重要依据。OECD为了测量学生的核心素养，开发并实施了国际学生评价项目（即PISA考试）。很多学者认为，应重视核心素养对教育质量评价的指导作用，促进考试与教育评价的改革（辛涛 等，2015），或通过评价改革推进学生核心素养培育（褚宏启 等，2015）。评价方面的工作仍在探索之中，欧盟在这方面也较为薄弱，除传统评价观、评价手段的影响外，态度和技能的评价难度也给研究者带来了挑战（刘新阳 等，2014）。不过，国际上已有的研究成果还是能够提供一些思路的，如英国苏格兰地区提出的以促进学习为目的的评价计划（Assessment is For Learning，简称AiFL），包括对学习的评价、为学习的评价、作为学习的评价等三个维度（刘新阳 等，2014），以及苏格兰核心素养课程体系中描述的五级水平评价标准（常珊珊 等，2015）。一些研究者也提出了自己的观点。杨向东特别论述了评价的真实性，指出基于核心素养的评价和真实性评价具有高度一致性（杨向东，2015）。柳夕浪（2014b，2014c）也强调了基于真实表现的评价的关键性，并认为应将评价话语权归还到师生手中。

总之，如果今后以发展学生核心素养作为学校各学科课程的目标，那么就一定需要开发核心素养的测量和评价体系。本书第六章将专门探讨核心素养背景下英语学科的考试与评价问题。

（三）核心素养与教学方法

上文提到，不少学者认为核心素养应具有可教性，这反映了教学在培养学生核心素养中的重要作用。因此，核心素养“如何教”的问题也受到了学界关注。成尚荣（2015）指出：“只有将上位的核心素养与学科核心素养结合在一起，并真正贯穿在整个教学过程的时候，核心素养才能落到实处，才能走进学生的素养结构，成为学生的素养。”为使核心素养落实到学生，一些研究者更加青睐以学生为主体的教学方法。柳夕浪（2014c）认为，教学中那些保留现实生活本来具有的丰富性的情境设计才能真正培养出学生的实际能力与品格。柳夕浪、张珊珊（2015）进一步提出，由于素养是在人与情境的互动中生成的，故情境设计是培养核心素养的必然选择，提倡体验学习，并将以素养发展为导向的教学称为素养教学。张蕾（2015）、沈新荣（2015）则分别以语文、地理学科为例，提出可以采用探究式教学、项目学习教学模式培养学生的核心素养。陈艳军、刘德军（2016）探讨了如何基于英语学科核心素养建构适应本土需要的英语教学理论。这些教学方法意味着对教师素质提出更高的要求，故也有研究者提到应重视对教师的培养，但应如何培养却并未具体阐述。

以上三项主要措施，无论是借鉴国际上的研究成果与经验，还是研究者经分析提出的建议，都为核心素养模型的构建与落实提供了思路和方向。但是再好的思路也需要付诸实践，并且要紧密结合我国的教育文化背景。

第二节 英语学科核心素养的研究进展

在我国，英语是中小学生学习的主要外语语种。在世界上很多非英语国家和地区，英语属于第二语言或第一外语，有时还是官方语言。在探讨中国语境下英语学科核心素养之前，我们首先从更广的范围来介绍外语学科核心素养的理论研究与实践。这里暂且把“外语”作为一个笼统的概念来使用。

前文提到，应注意学生核心素养总体框架与各学科核心素养的关系，国外的核心素养研究成果和国内的实践也都反映出了这一关系在核心素养及其落实中的重要性。与有关核心素养总体框架的研究相比，专门探讨学科核心素养的研究相对较少，关注的学科也较为单一，偏重数学和其他理科。OECD、欧盟、澳大利亚、中国台湾等国际组织、国家和地区研制的核心素养模型中都包含使用语言和符号进行交流的能力，这种能力的培养有赖于母语和外语学科。在全球化不断推进的背景下，未来社会所需要的人才可能会面临更多的国际化和跨文化交流，需要具备跨文化交际能力、全球意识、国际理解、信息技术素养等与外语有密切联系的素养，而这类素养的培养与外语息息相关（程晓堂，2014），故研究外语学科核心素养具有重要意义。但目前国内学界对外语学科素养的探讨尚显不足。

大家知道，外语和外语学习的价值不只限于其工具性，外语素养也不能等同于外语学科核心素养。在研制核心素养指标体系的过程中，不仅要研究外语素养，更要研究外语学科能够承担哪些核心素养的培养任务。英语是一种国际通用的语言，也是我国使用最多的外语语种，英语学科素养是研究外语学科素养的重要组成部分。

有关核心素养研究的文献经常涉及外语学科核心素养的讨论。辛涛等（2013）对多个国际组织、国家及地区的核心素养框架进行了总结，其中大部分都提到了外语素养。欧盟核心素养框架中八大核心素养之一就是使用外语交流的能力，并将其定义为“在适当范围的社会文化情境中理解、表达与解释的能力；跨文化理解、交流与协调能力”，涵盖知识、技能、态度三个层面。其中的知识包括外语词汇、语法及语言表达形式和社会习俗与文化方面的知识；技能包括口语会话、阅读、理解文本、使用词典等辅助工具及自学外语；态度包括欣赏文化多样性、对语言和跨文化交流的兴趣和好奇心（裴新宁 等，2013）。且欧盟框架中其他核心素养也可以由外语学科承担一部分培养责任，尤其是英语学科。如：学会学习的目标可以通过培养英语学习策略、学习习惯来实现；社会与公民素养中的“在不同社会文化环境中进行建设性的交流，包容和理解不同文化和观点”也与英语相关；主动意识与创业精神可能正是以英语为母语的美国的文化精神之一，渗透在英语思维当中。澳大利亚的核心素养框架中，英语课程要承担跨文化理解素养的主要培养责任，要求学生使用跨文化理解和创造一系列的文本，即呈现多元的文化视角和对各种文化背景的人与物的认同（王烨晖 等，2015）。实际上，英语课程与澳大利亚框架中的读写、计算、信息和通信技术、批判性和创造性思维、道德行为、个人和社会能力、跨文化理解等通用能力都有联结点（刘晶晶，2014）。这些对于厘清学生核心素养和英语学科核心素养的关系，研究英语学科应培养学生的哪些核心素养都有参考价值。

核心素养强调人的思维能力，许多学者也关注了英语、英语学习和思维的关系，指出英语学习对学生的认知能力有积极作用（程晓堂，2014），英语能够引导学生用另一种认知方法进行思维（龚亚夫，2014）。在 2015 年中国外语教育高层论坛上，吴一安教授也强调了“语言和思维有‘血脉般’的联系，语言和思维、文化不可分割，是高层次思维的介质，在思维和文化意识上具有育人功能”。这说明了英语学科具有培养通用思维能力的价值。还有研究提到，在描述学科核心素养时应注重寻找学科思维，并提到中国期刊网上“冠之以数学思维、物理思维、化学思维、地理思维、历史思维、语文思维”的文献正日益增多（李艺 等，2015）。这也是一个进一步探索的思路，“学科素养以核心素养达成为基础，同时兼顾学科特点，发挥学科特长，才能体现学科特色价值”（常珊珊 等，2015）。因此，研究英语学科素养时，也应兼顾英语思维体现的学科特色和英语学习对通用能力的培养。

第三节　英语学科核心素养的内涵

前面两节简要综述了有关外语核心素养的研究，探讨了外语核心素养的内涵。接下来我们聚焦中国语境下英语学科核心素养的实质内涵。

对于很多人而言，提到语文素养、艺术素养、科学素养等概念，不会觉得陌生。但是，新近提出的英语素养（或英语学科素养）这个概念，大家或多或少感到不容易理解。我们经常听到或读到这样的观点：对于中国学生来说，英语就是一种交流工具，谈不上素养。其实，这种观点只注意到英语作为一种交流工具的价值，没有全面把握英语作为一个学科的育人价值。如果不能准确把握英语学科的育人价值，就不能准确理解英语学科核心素养的实质内涵。

一、英语学科的育人价值

2017 年版的高中各学科课程标准有一个共同特点，即各学科都以核心素养为基础来设置课程的内容和目标。这一举措与以往的课程内容和目标的主要区别在于，除了重视发展学生的学科能力，还凸显了课程的育人价值。甚至可以这样说，育人价值是学科核心素养的基础。英语学科也不例外。为了便于理解和把握英语学科核心素养的内涵，我们首先要明确英语学科的育人价值。

所谓学科的育人价值，是指某个学科的课程除了使学生学习某些学科知识和发展学科能力，还要促进学生在心智能力、情感态度、思想品德、社会责任等方面的发展。基础教育阶段的各门学科都有育人价值，都可以从不同的角度促进学生的全面发展。英语学科也不例外。

长期以来，英语学科一直被认为是一门工具性学科，中小学开设的英语课程在内容选择和目标设置方面具有明显的功利性。其背后的认识是：语言是交流的工具。对于中国学生来说，把英语作为外语来学习，其目的无外乎是使学生掌握另外一种交流的工具，以便他们在日后的学习、工作和生活中使用英语。除此以外，学习英语好像没有其他作用。

受这一认识的影响，一些人甚至认为，并非每个学生都需要学习英语；英语课程可有可无，因为并非每个中国人今后都需要使用英语。其实，以上观点是非常片面的，根源就在于没有认识到英语课程的育人作用或教养作用。

的确，对于中国人来说，英语是一门外语。学习英语有利于国家在经济、文化、科学技术、国家安全等领域开展对外交流与合作，也有利于我们通过英语来学习科学文化知识。但是，如果仅仅从英语作为交流工具和学习工具的角度来看待中小学英语课程的价值，在学理上是说不通的。其实，中小学的英语课程，除使学生把英语作为交流工具来学习之外，还具有多重的育人价值。为了说明这一道理，我们先来看看其他学科的育人价值。

我们首先以中小学的数学学科为例。数学课程不仅仅是为了使学生能够计算或解决数学问题，也不仅仅是为了使学生能够在学习其他学科（如物理、化学）的过程中运用数学知识，数学学科的另外一个重要目的是培养学生的思维能力，特别是数学思维能力和数学思想。数学是人类的一种文化，它的内容、思想、方法和语言是现代文明的重要组成部分。数学学科的育人价值是显而易见的（曹培英，2015）。同理，中小学的艺术类课程，就学习内容而言，主要是音乐、美术、舞蹈等方面的知识和技能，但开设艺术课程的主要目的并不是使学生今后成为艺术家或以艺术谋生，而是使学生体验艺术课程学习过程中的快乐，感受艺术，欣赏美好，丰富学生生命的意义，陶冶学生的情操，提高学生的审美能力（刘晖，2005）。其次，中学历史课程也并不是为了使学生能够在生活或工作中直接使用历史知识或以史为鉴，而是为了培育学生认识人、社会与自然及其相互关系所必备的人文素质，养成更为理性、更有智慧地参与现代社会生活所必要的思维习惯及能力（陈新民，2014）。

从以上讨论可以看出，虽然中小学各门课程都有各自的学科内容，但其目的不完全是使学生成为这些学科的专家，也不完全是为了使学生在今后的生活和工作中直接使用这些学科知识和技能。中小学各门课程都有育人的价值，从不同的角度促进学生的全面发展，包括认知能力、情感态度和价值观的发展。

如果中小学的数学、艺术、历史等课程的价值不局限于本学科知识和技能的学习，有什么理由认为英语学科的学习目的只是掌握一种可以用于交流的工具呢？也许有人会问，英语不就是一种交流工具吗？学习英语的作用怎么能与学习数学、艺术、历史等学科相比呢？要回答这些问题，我们不妨先想一想母语的作用。大家都知道，母语的作用绝对不只是帮助我们交流。母语是我们思维的工具。学习母语使我们能够思维，学习母语可以促进思维的发展。另外，母语与我们的文化有着千丝万缕的联系。同理，英语不仅是交流的工具，也是思维的工具，也与英语国家的文化有着千丝万缕的联系。学习英语的过程是学生接触其他文化、形成跨文化意识与能力的重要途径，也是促进学生思维能力进一步发展的过程。

二、英语学科核心素养的构成要素

把握英语学科的育人价值有助于我们准确理解英语学科核心素养的内涵及其构成要素。基于核心素养的英语课程，就是从英语的工具性和英语学科的人文性这两个角度来设置英语课程的目的与目标。也就是说，英语课程不仅要考虑学生应该学习哪些英语知识和技能，将来能够用英语做哪些事情，还要考虑学生通过英语课程的学习，可以学习其他哪些方面的知识，形成哪些关键技能和必备品格。为了全面体现英语学科的育人价值，在充分吸收和借鉴国内外有关核心素养的理论和实践研究成果的基础上，结合中国基础教育英语课程的现实需求，《普通高中英语课程标准（2017 年版）》（教育部，2018b）将英语学科核心素养归纳为语言能力、文化意识、思维品质和学习能力等四个方面。

1. 语言能力

语言能力是一个含义很广的概念，甚至是一个很模糊的概念。语言能力有时指人与生俱来的学习和使用人类语言的能力，相当于一种本能。有时则指使用母语或其他语言进行交际的能力，其中包括知识、能力、技能等构成要素。在外语教学领域，语言能力既包括过去常说的听、说、读、写等语言技能，也包括对语言知识的理解和运用能力，还包括语言意识、交际身份意识等。《普通高中英语课程标准（2017 年版）》（教育部，2018b）将语言能力定义为“在社会情境中，以听、说、读、看、写等方式理解和表达意义的能力，以及在学习和使用语言的过程中形成的语言意识和语感”。语言能力是英语学科核心素养中的核心。具体地讲，语言能力包括以下几个方面：(1)关于英语和英语学习的意识和认识，如对英语作为一种国际通用语言的重要性的认识，对学习英语的意义与价值的认识，对英语与文化、英语与思维之间的关系的认识；(2)对英语语言知识的掌握情况，特别是运用英语语言知识建构和表达意义的能力；(3)理解各种题材和体裁的英语口语和书面语篇的能力；(4)使用英语口语和书面语进行表达的能力；(5)通过语言建构交际角色和人际关系的能力。

关于语言能力的内涵，有几点需要特别关注。

第一，过去经常把语言能力与语言知识区分开来，而作为核心素养的语言能力已经包含了语言知识。语言知识不局限于语音、词汇和语法层面的知识，还包括语篇知识和语用知识。Bachman 和 Palmer（2010）提出的语言能力模型就包括很多重要的语言知识，其中包括语篇知识和语用知识。尽管语篇知识、语用知识等概念大家并不陌生，但这些概念的真正内涵并不容易把握，特别是对于一线英语教师。

第二，语言能力的界定不仅强调了语言知识的学习，而且特别注重语言知识在建构和表达意义的过程中所起的作用，也就是说，语言使用者究竟是如何利用语音、词汇、语法、语篇、语用等方面的知识来表达意义和实现交际目的的。

第三，在语言技能方面，特别强调对语篇做出的反应。过去主要强调对语篇的理解，即知道语篇表达了什么意义，而不太重视读者对语篇表达的意义应该做出的反应。也就是说，我们读了一篇文章之后，不应只停留在理解上，还要对语篇内容有自己的思考、判断和分析。

第四，要注意语言能力描述中反映不同思维层次的目标，如找出语篇的主要信息和观点、区分语篇中的事实与观点、理解事实与观点之间的逻辑关系、分析和比较语篇中的主要信息和观点、阐释和评价语篇中的主要信息和观点、评价事实与观点之间的逻辑关系。要准确把握这些目标描述中使用的“找出”“区分”“理解”“分析”“比较”“阐释”“评价”等描述词语的内涵差异。

第五，语言能力强调语篇的人际意义。在阅读理解的过程中，与其说是读者与文本互动，不如说是读者与文本的作者互动。既然是互动，那么作者与读者总是以一定的角色进行互动。换句话说，作者在创作语篇时，总要直接或间接地体现自己的角色，也会为期待的目标读者设置角色。这就是语篇的人际意义。对很多英语教师来说，这些概念可能有些陌生，但其中的道理应该不难理解，只是在过去的英语教学中不太重视而已。

2. 文化意识

国际理解能力和跨文化交流能力是21世纪公民的必备素养。学习外语，特别是英语，是实现国际理解和跨文化交流的重要途径。但是，很多人只看到了国际理解和跨文化交流中英语作为一种语言工具的作用，而没有意识到学习英语的过程本身也是增进国际理解及形成跨文化意识和能力的过程。在英语学习的过程中，学生要学习大量的英语语篇（包括口语语篇和书面语篇）。在学习这些语篇的过程中，学生会接触大量英语国家和其他国家的社会现象和文化背景。

青少年时期是学生的情感态度和价值观发展的重要阶段。中小学各个学科的学习对学生形成积极的情感态度和价值观有重要的影响，英语学科也不例外。不同的民族有不同的情感态度和价值观，这些情感态度和价值观以各种形式体现在语言和语言使用中。学习母语以外的语言，能够使我们了解其他民族的情感态度和价值观。

文化意识核心素养不仅仅指了解一些文化现象和情感态度与价值观，还包括解释和评价语篇反映的文化传统和文化现象，比较和归纳语篇反映的文化，形成自己的文化立场与态度、文化认同感和文化鉴别能力。从这个角度来看，文化意识的内涵超越了以往所说的跨文化意识和跨文化交际能力。

虽然文化意识的某些方面显得抽象和宽泛，但文化也是可教授的，教授的重心在于通过学习者对获取的信息加以思考，为不同的文化信念寻找合理性解释，从而增补、丰富自己的知识信念系统（刘利民，2016）。培养学生的文化意识还有利于他们加深对优秀文化的认同，增强国家认同感和家国情怀，坚定文化自信，树立人类命运共同体意识，学会做人做事，成为有人文素养和社会责任感的人。

3. 思维品质

语言与思维的关系十分密切。学习和使用语言要借助思维，同时，学习和使用语言又能够进一步促进思维的发展。学习和使用母语以外的语言，可以丰富思维方式，进一步促进思维能力的发展。英语教育界人士广泛认为，英语课堂教学中的很多活动能够促进学习者思维能力的发展。程晓堂（2015）尝试结合英语语言的特点和英语学习过程的特点，探讨了有可能通过英语学习促进发展的十种思维能力。

作为核心素养的思维品质，既不同于一般意义的思维能力，也不同于语言能力核心素养中的理解能力和表达能力，而是与英语学习紧密相关的一些思维品质，如：理解英语概念性词语的内涵和外延；把英语概念性词语与周围世界联系起来；根据所给信息提炼事物共同特征，借助英语形成新的概念，加深对世界的认识；根据所学概念性英语词语和表达句式，学会从不同角度思考和解决问题。

需要特别注意的是，用英语进行理解和表达的过程不仅有利于学生培养通用思维能力（如识别、理解、分析、推断、想象等），而且有利于学生逐步形成英语使用者（不一定是英语本族语者）独有或擅长的思维方式和思维能力。

4. 学习能力

21 世纪的公民必须具有终身学习的意识和自主学习的能力。对于我国学生来说，发展英语学习能力尤其重要。由于各种因素的限制，对我国的中小学生来说，学好英语并非易事。因此，掌握英语学习的要领，养成良好的学习习惯，形成有效的英语学习策略，显得尤其重要。需要注意的是，作为核心素养的学习能力，并不局限于学习方法和策略，还包括对英语和英语学习的认识和态度，如：对英语学习有正确的认识和持续的兴趣，有积极主动的学习态度和动机，能够确立明确的学习目标，有主动参与语言实践的意识和习惯。除了能够使用学习方法和策略，还要能够监控方法和策略的使用情况，评估使用效果，并根据需要调整学习方法和策略。

用“学习能力”的概念取代以往几个版本英语课程标准中的“学习策略”，进一步突出了学会学习的重要性。学生不仅需要在学英语、用英语的过程中使用学习策略，而且要形成学习英语的能力，为自主学习、可持续学习和终身学习创造有利条件。

核心素养概念的提出，是我们国家顺应世界教育改革发展潮流，从国家战略的高度，为新世纪教育改革确立的发展方向。围绕英语核心素养来设计和实施英语课程，必定会成为我国英语教育改革的一个里程碑。本章只探讨了英语学科核心素养的实质内涵。关于英语学科核心素养的培养途径和方法以及测评等问题，后面的章节会有更详细的讨论。

注：本章的部分内容曾以《英语学科核心素养的实质内涵》为题发表于《课程·教材·教法》2016年第5期，作者为程晓堂、赵思奇。

第二章 基于核心素养的英语课程目标与内容

在不同历史时期和不同社会文化背景下，教育的目标是会有变化的。具体到各个学科，其课程目标也是有变化的。课程目标的变化会带来课程内容、教学方法、课程评价等方面的变化。进入21世纪以来，从全球范围来看，发展学生核心素养成为学校教育的主要目标。就中国的情况而言，学生发展核心素养是当前教育方针的具体化和细化，是对培养目标的整体描述，是课程教材建设、教学改革的依据。核心素养背景下的课程目标进一步指向学生，关注课程最终留给学生的是什么（郑葳 等，2018）。准确理解和把握核心素养背景下的课程目标和课程内容，是有效实施课程的基本前提。

第一节 基于核心素养的英语课程目标

课程目标是课程的灵魂，也是课程实施的风向标。为了有效地实施课堂教学与评价，一线教师不仅需要熟悉课程内容、学业质量标准、考试与评价的内容及要求，灵活运用教学方法，而且需要始终准确把握课程目标。

英语课程的目标既是相对稳定的，又是动态变化的。英语教育教学有自身的客观规律，有相对稳定的教育教学目标。随着社会的发展，英语教育教学的目标又可能因时因地发生变化。为了准确把握核心素养背景下英语课程的目标，一线英语教师有必要了解新的课程目标与以往课程目标的共同点和差异。下面我们就 2017 年版《普通高中英语课程标准（2017 年版）》（教育部，2018b）的课程目标与 2003 年版《普通高中英语课程标准（实验）》（教育部，2003）的课程目标做一个比较。

与 2003 年版课程标准规定的课程目标相比，2017 年版的课程目标在构成和要求上都有重要的变化。就课程目标的构成而言，2003 年版的课程目标包括五个方面，即语言技能、语言知识、文化意识、情感态度和学习策略。这五个方面的目标以圆饼图方式呈现，共同指向位于圆饼图中央的综合语言运用能力（如图 2–1 所示）。

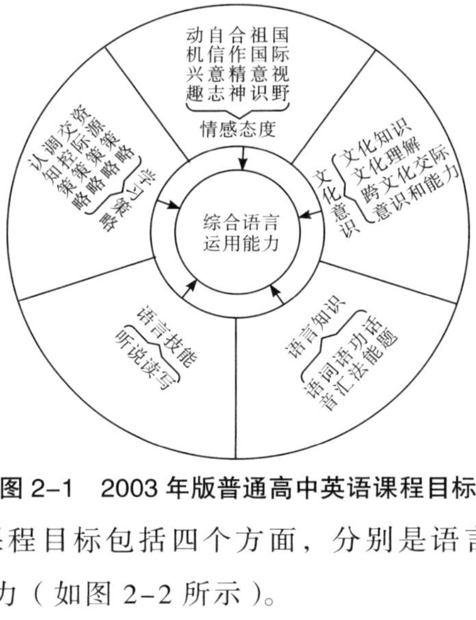

图 2–1 2003 年版普通高中英语课程目标

2017 年版的课程目标包括四个方面，分别是语言能力、文化意识、思维品质和学习能力（如图 2–2 所示）。

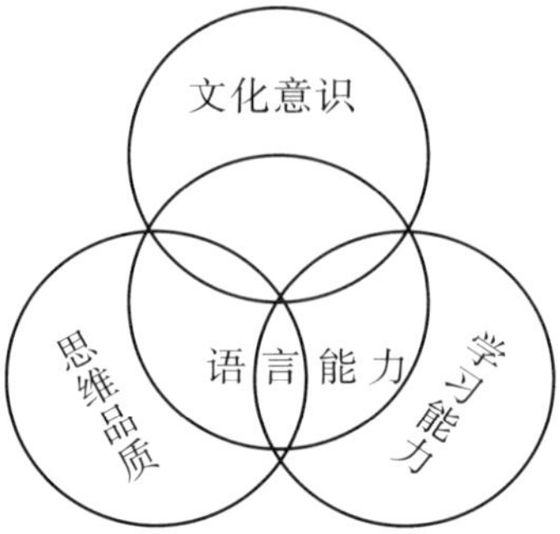

图 2-2 2017 年版普通高中英语课程目标

2017 年版的课程目标与核心素养的四个方面相对应，旨在通过教育教学落实核心素养的培养。两个版本的课程目标既有共性，又有差异。

共性表现在二者都把语言能力视为英语课程目标的核心，都强调培养学生的实际语言运用能力；二者都强调文化意识在学习英语和使用英语的过程中的重要性；二者都强调培养学生使用学习策略的能力，都注重发展学生自主学习能力。

二者的差异主要表现在以下几个方面。

第一，2017 年版的课程目标将语言知识和语言技能合并为语言能力，这主要是考虑到语言知识与语言技能是不可分离的，它们都是语言能力的组成部分。2003 年版的课程标准将语言知识与语言技能分别列为两个方面的目标也是考虑了当时的需要，特别是为了改变长期存在的以语言知识为中心的教学倾向，以突出语言技能的培养。2017 年版将语言知识与语言技能合并，反映了英语教育教学理念与实践的进步，也为今后的英语教育教学明确了方向。

第二，2017 年版的课程目标保留了文化意识，但是对文化意识的内涵进行了调整。文化意识不仅包括文化知识、跨文化意识和跨文化交际能力，还包括对中外文化的理解和对优秀文化的认同，以及学生在全球化背景下表现出的跨文化认知、态度和行为取向。这样，文化意识目标就超越了文化对英语学习和英语使用的直接价值（即了解英语国家的文化主要是为了更好地学习英语和使用英语），上升到文化认同感、文化态度和行为取向。也就是说，从意识上升到品格。在 2017 年版课程标准制订过程中，曾经有学者建议将“文化意识”改为“文化品格”。由于各种原因，最终未采用“文化品格”这个概念。

第三，2017 年版课程标准将 2003 年版的“学习策略”改为“学习能力”。2017 年版课程目标中的学习能力涵盖的内容多于 2003 年版的学习策略。学习能力是一种能力，而学习策略本身既不是能力，也不是素养。发展学习策略、有效地使用学习策略是发展学习能力的重要途径。另外，将“学习策略”改为“学习能力”后，这个方面的课程目标就与其他几个方面的课程目标都属于能力或意识层面的概念了。

第四，2017 年版的课程目标单独列出思维品质目标。2003 年版课程总目标提及思维能力的培养，具体目标中的学习策略、语言技能等目标也涉及思维能力的培养，但未将思维品质单独列为课程目标。2017 年版课程目标之所以单独列出了思维品质目标，主要是为了进一步强调发展学生思维能力的重要性，切实将思维能力的培养融入英语教学之中。

第五，2017 年版课程标准中不再单独列出情感态度目标，但这并不代表不重视情感态度。实际上，2017 年版课程标准多次强调立德树人的根本任务，强调加强对学生情感态度和价值观的培养。2017 年版课程标准指出，实施普通高中英语课程应以德育为魂、能力为重、基础为先、创新为上，注重在发展学生英语语言运用能力的过程中，帮助他们学习、理解和鉴赏中外优秀文化，培育中国情怀，坚定文化自信，拓展国际视野，增进国际理解，逐步提升跨文化沟通能力、思辨能力、学习能力和创新能力，形成正确的世界观、人生观和价值观（教育部，2018b）。

除了结构上的变化，2017 年版课程目标的级别要求也有变化。2003 年版的课程目标有四个级别，分别是六级、七级、八级、九级。其中七级目标是高中毕业的要求，八级目标是高考参考要求，九级目标是有特殊学习需求的学生和学校的参考要求。考虑到 2003 年版课程目标中的六级目标既没有对应的学段，也不是评估和验收的目标要求，2017 年版课程目标删除了这一级别，将课程目标与核心素养的三个级别对应起来，即一级、二级、三级。同时，这三个级别的目标与学业质量标准的三个水平也是基本对应的关系。水平一是高中毕业要求和高中会考（学业水平考试）要求，水平二是高考要求，水平三是有特殊学习需求的学生和学校的参考要求。

需要注意的是，2017 年版的课程目标不再像 2003 年版那样将课程目标按语言技能（听、说、读、写），语言知识（语音、词汇、语法、功能、话题），文化意识，情感态度和学习策略等五个方面分级、分类详细描述。

为了配合课程目标的变化，2017 年版课程标准中课程结构也有变化。必修课程为 6 个学分；选择性必修课程为 0 ～ 8 个学分（选择参加高考的学生必须修读这类课程，并获得 8 个学分，不参加高考的学生可以不修读该类课程）；选修课程为 0 ～ 6 个学分，完全由学生自主决定是否修读该类课程。课程结构从现状出发，力求降低学生的学习负担；增加选修学分，设置多样化课程，优化课程结构，精选课程内容，满足学生的个性化学习需求。

第二节 基于核心素养的英语课程内容

如果说课程目标是课程的灵魂和课程实施的风向标，那么课程内容则是课程实施的抓手。对一线教师来说，课程内容与日常课堂教学的关系最为紧密。但是2003年版的高中英语课程标准几乎没有“课程内容”这个表述，更没有专门设置“课程内容”的章节。那是不是这个版本的课程标准就没有规定课程内容呢？细心的读者可能注意到，这个版本的课程标准的第三部分为“内容标准”，其中包括语言技能、语言知识、情感态度、学习策略和文化意识等五个小节。而这五个小节的具体内容实际上是五个方面的具体目标要求。不管是从该部分的名称“内容标准”还是从该部分的具体内容来看，“内容标准”实际上既包括课程内容，也包括目标要求。也就是说，该部分不仅规定了课程内容，也规定了课程的目标要求，并且将二者融为一体。此举有利有弊。有利之处是，课程内容与目标紧密结合，教学中无需过多地考虑如何将教学内容与教学目标结合起来。另外，此举也有利于压缩课程标准的篇幅。此举的不利之处是，将课程内容与课程目标融为一体，模糊了二者的区别和界线。理论上讲，课程内容与课程目标是有区别的。目标是方向，内容是手段。学生学习课程内容的目的是达成课程目标。就英语学科而言，课程目标是指令性的，而课程内容则有可能是指导性的（至少部分课程内容是指导性的，而不是指令性的）。因此，2017年版课程标准将课程目标与课程内容分离开来。

2017年版课程标准提出了六个方面的课程内容，即主题语境、语篇类型、语言知识、文化知识、语言技能和学习策略，简称“课程内容六要素”。那么，为什么要从这六个方面来设计课程内容呢？这要从语言学习的客观规律来解释。

语言学习并不是孤立地学习字母、语音、单词、句子等。语言学习的基础是语篇，即生活中实际存在的有意义的语言。而语篇都是在一定的语境下产生的。理解语篇和产出语篇都离不开语境，也离不开主题。可以这样说，语境是语言学习的环境。对于不同年龄、不同文化背景、不同学习需求的语言学习者，在主题语境方面有不同的学习需求。因此，在设计课程内容时，要根据学习者的需要提出指导性的主题语境范围。

有了主题语境之后，语言学习者需要以实际的语篇为抓手。也就是说，他们需要接触语篇、理解语篇和产出语篇。因此，语篇成为语言学习活动的焦点。同样，不同年龄、不同文化背景、不同学习需求的语言学习者应该学习的语篇类型是有差异的。因此，课程标准应该针对特定语言学习者群体，提出指导性的语篇类型范围。

围绕语篇的学习活动，既是学生探究语篇内容和语篇主题意义的过程，也是学生学习语言知识和发展语言技能的过程。学生围绕某一具体的主题语境，基于不同类型的语篇，在解决问题的过程中，运用语言技能获取、梳理、整合语言知识和文化知识，深化对语言的理解，比较和探究文化内涵，汲取文化精华。同时，尝试运用各种学习策略，提高理解和表达的效果。这样，英语课程内容的六要素就融为一体了。明确了课程内容六要素的关系之后，我们再来看看课程内容六要素的内涵。

主题语境包括人与自我、人与社会、人与自然等三个大类；每个大类又包括很多子类，涉及人文社会科学和自然科学领域等话题。2017 年版课程标准将主题语境列入课程内容，并作为课程内容的第一要素。主题语境包括两个方面：一是主题和话题；二是语境，也就是语言使用的情境。将主题语境列入课程内容，标志着语言教学理念的变化。单个的词、单独的句子，离开语境是没有任何意义的。只有在具体的语境当中，词和句才有真正的意义。课程标准将主题语境列入课程内容，将进一步推动基于情境和语境的英语教学理念的落实。主题是通过语篇来实现的，语篇有不同的类型。英语教学应该给学生多提供各种类型的语篇，尤其是贴近学生生活的语篇。

语篇类型包括口语和书面语篇以及不同的文体形式，如记叙文、说明文、议论文、应用文、访谈、对话等连续性文本，以及图表、图示、网页、广告、漫画等非连续性文本。

语言知识涵盖语音知识、词汇知识、语法知识、语篇知识和语用知识等。语言知识除了传统的语音、词汇、语法知识等内容，还增加了语篇知识和语用知识。语篇知识就是关于语篇是如何构成的、语篇是如何表达意义的以及人们在交流的过程中如何使用语篇的知识。而语用知识则是关于语言在真实语境中如何使用的知识。

文化知识指中外优秀人文和科学知识，既包含物质文明也包含精神文明知识。文化知识是学生形成跨文化意识、培养人文和科学精神、坚定文化自信的知识源泉。

语言技能包括理解性技能和表达性技能，具体包括听、说、读、看、写等技能，学生基于语篇所开展的学习活动即是基于这些语言技能，理解语篇和对语篇做出回应的活动。在语言技能中，除以前课程标准中提到的听、说、读、写四项技能以外，2017年版的课程标准增加了“看”（viewing）的技能。随着现代传媒方式的变化，现在常见媒介包括文字、图像、声音、图标等，传统的“读”和“听”已不能完全涵盖所看或所听到的内容。需要注意的是，看与读和听都有重叠之处。也有学者不主张把看与听、说、读、写并列。但是，为了突出这一技能的重要性，2017年版课程标准还是将其列为语言技能之一。

还有一点需要特别注意的是，过去几个版本的课程标准都以听、说、读、写等方面来描述课程目标，但是2017年版的课程标准并没有将听、说、读、写列为课程目标，也没有按照听、说、读、写来描述课程目标，而是将听、说、读、写等技能列为课程内容。这个调整有以下几方面的考虑。第一，听、说、读、写是人们使用语言的方式，但并不是使用语言的目的或功能。比如，某人正在听广播，这时别人问他在做什么，他可以回答“我在听广播”，但不可以说“我在听”。听广播实际上是以听的方式获取信息的活动。第二，英语课堂上的听、说、读、写等活动也是教与学的方式，并不单纯是听、说、读、写技能的训练。比如，课堂听故事并不一定是练习听力理解能力；课堂就某个话题开展的讨论也不一定是为了练习口语能力。第三，听、说、读、写等方面的技能训练（特别是微技能的训练）可以作为日常课堂教学内容。在实际语言使用过程中，人们往往不是只使用一种技能，更不是孤立地使用某些微技能，而是综合运用多种知识和技能。所以，课程目标的界定和描述应尽量从综合语言运用的角度，而不宜采用听、说、读、写等分离式描述方式。

学习策略包括元认知策略、认知策略、交际策略、情感策略等。有效选择和使用策略是促进理解和表达及提高学习效率的手段，也是学生形成自主学习和终身学习能力的必备条件。

第三章 基于核心素养的英语学业质量标准

《普通高中英语课程标准（2017年版）》的第五部分为“学业质量”。该部分以学业质量标准的形式明确了高中生在英语学习方面应该达到的学业水平。这一部分的篇幅并不长，但是意义重大。这是从2001年到2017年发布的四个版本的英语课程标准中，首次明确提出学业质量标准。另外，学业质量标准与考试评价密切相关，是英语学业水平考试和英语高考命题的重要依据。因此，英语学业质量标准的提出，具有重大的理论和实践价值。

第一节　什么是学业质量标准

学业是指学生学习的结果或成就，有时也包括学习过程和方法以及学习过程中的体验和感受。质量是指学业成就的优劣程度。据此，学业质量就是学生学习某学科课程之后取得的结果或成就的优劣程度。

产品或工作的质量有不同的优劣程度，学业质量也有不同的优劣程度。即使在相同的学习条件和学习环境下，学生的学业质量也是不同的。或由于教育管理的需要，或为了保证学业质量，国家或地方教育行政部门往往要对学生的学业质量提出基本要求。这个基本要求就是学业质量标准。通俗地讲，学业质量标准就是关于学生通过课程的学习应该达到什么学业水平的规定。学业质量标准既可以是针对学生整体学业成就制定的标准，也可以是针对学生具体学科的学业成就制定的标准，比如英语学科学业质量标准、数学学科学业质量标准。制定学业质量标准的目的是结合具体学科的能力要求，进一步细化教育目标，让它成为指导教学实践和教育评价的具体可操作的质量标准（辛涛，2016）。

学业质量标准既是指导教师开展日常教学的依据，也是阶段性评价、学业水平考试和高考命题的重要依据（教育部，2018b）。

学业质量标准的概念源于国外的课程标准化运动，但是英文文献中表示学业质量标准的术语通常是 achievement standards（即“成就标准”），其中既没有“学业”，也没有“质量”等字眼。顾名思义，成就标准就是用来衡量学业成就水平的标准。当然，学业成就标准的形式可以多种多样，既可以是量化的硬性指标，也可以是描述性文字。

虽然学业质量标准也称为标准，但它与工业产品质量标准和服务行业的标准并不是完全相同的概念。工业产品和服务行业的标准，通常是由权威的标准发布机构[如国际标准组织（ISO）、中国的国家标准委员会]制定和发布，而学业质量标准则是由教育机构或教育行政部门制定和发布。

由于学业质量标准的特殊性，学业质量标准往往并不是统一的标准或唯一的标准。在有些国家或地区，学业质量标准是学生在学业成就方面的最低要求（相当于我们常说的合格要求）。而在有些国家或地区，学业质量标准是对不同水平学生学业成就的总体描述，通常将学生的学业成就分为不同的级别，如基本水平（basic level）、熟练水平（proficient level）和高级水平（advanced level）。有的学业质量标准则把学生的学业成就分为 A、B、C、D、E 等若干个由高到低的等级，其中 A 级为优秀，C 级或 D 级为合格，E 级为不合格。下文要介绍的澳大利亚学业质量标准就属于这个类型。

学业质量标准的核心是，描述学生在完成特定课程内容的学习之后能够做什么以及能够做到什么熟练程度。因此，学业质量标准通常不规定学生学习和学会哪些知识，而是规定学生能做哪些事情。这就是所谓的基于表现（performance）的学业成就标准。

学业质量标准能够使教师明确阶段性课程教学的任务与目标，从而设计合理的教学内容和过程。学业质量标准也是考试与评价的标准，是测试开发者确定考试内容与难度的重要参考依据。以学业质量标准为依据对学生进行的评价，可以使家长、教师、教育管理者等及时、准确了解学生的学习进阶情况。

为了使大家对学业质量标准有一个直观的认识，下面我们简单介绍在澳大利亚把“英语作为母语以外的语言或方言”的课程标准中的学业质量标准。在澳大利亚，有些学生（如移民）的母语不是英语，他们需要在学校学习英语课程，这类课程称为“英语作为母语以外的语言或方言”的课程（English as an Additional Language or Dialect，简称 EAL/D）。在该课程标准中，每两个学习单元（Units）之后会附上针对这两个单元学习内容的学业质量标准，具体内容见表 3-1。

表3-1　澳大利亚EAL/D学业质量标准（1～2单元）

对口头、书面和多模态语篇做出反应				
A	B	C	D	E
•分析语篇中的要义和支撑细节以理解字面和隐含意义 •分析语篇选用的语言和语篇类型是如何满足特定目的和语境需要的 •评价语篇结构和语言特征在说服和影响读者等方面的效果 •分析语篇中的社会和文化现象并评价其效果和启示	•分析语篇中的要义和支撑细节以识别字面和隐含意义 •分析目的和语境是如何影响语篇选用的语言和语篇类型的 •分析熟悉和不太熟悉的语篇是如何利用语篇结构和语言特征说服读者的 •分析语篇中的社会和文化现象并解释其效果	•解释语篇中的字面意思和要义 •解释目的和语境是如何影响语篇类型的选择的 •解释目的和语境是如何影响熟悉的语篇选用语言和语篇结构的 •解释语篇中的某些社会和文化现象	•描述语篇中的字面意思和大意 •描述语篇的目的和语境 •描述熟悉和不太熟悉的语篇的结构和语言特征 •识别语篇中的某些社会和文化现象	•在语篇中找出部分信息 •识别语篇的目的和语境 •识别语篇结构和语言特征的某些方面 •识别语篇中明显的社会和文化现象
创造口头、书面和多模态语篇				
A	B	C	D	E
•在口头交流中清楚、精准地表达想法和传递信息 •表达想法和观点时，选择相关证据和例子进行佐证 •在不同模态和媒介下，根据语境、目的和交际对象有效地安排语篇结构 •使用语言资源和表达方式时充满信心且运用自如	•在口头交流中运用自如地表达想法和传递信息 •表达想法和观点时，选择清楚的例子进行佐证 •在不同模态和媒介下，根据语境、目的和交际对象恰当地安排语篇结构 •使用语言资源和表达方式进行清楚的表达	•在口头交流中表达想法和传递信息 •表达想法和观点时能举例子说明 •在不同模态和媒介下，根据熟悉和不太熟悉的语境、目的和交际对象安排语篇结构 •使用语言资源和表达方式时有一定的连贯性和准确性	•在口头交流中表达部分想法和信息 •表达部分想法和观点 •在不同模态和媒介下，根据熟悉的语境、目的和交际对象有效地安排语篇结构 •使用简单的语言资源和表达方式进行基本准确的表达	•在熟悉的语境中表达想法和传递信息 •表达简单的想法或观点 •在不同模态和媒介下，复制语篇结构 •使用简单的语言资源和表达方式，表达不够准确

注：表3-1译自 *The Australian Curriculum: English as an Additional Language or Dialect*, Australian Curriculum, Assessment and Reporting Authority, 2015.

澳大利亚的EAL/D课程标准没有明确说明哪个等级是合格等级，但从学业质量的描述来看，E等应该是不合格的。需要指出的是，表3-1呈现的学业质量标准每个等级的四条标准都是相同的内容，但质量要求不同。其实，单元学习内容很多，并不局限在这四个方面。但是学业质量标准是抽样的，并不完全覆盖所有的课程内容。这一点在下文还要讨论。

第二节　为什么要制定学业质量标准

在前一小节，我们简要地界定了什么是学业质量标准。如果我们想深刻理解学业质量标准的内涵，还要了解制定学业质量标准的来龙去脉。也就是说，我们需要理解为什么在研制课程标准时要制定学业质量标准。

对于中国教育界来说，学业质量标准是一个相对较新的概念。从国际教育界来看,研制和实施学业质量标准的历史也并不是很长。总体来看，与课程标准类似，学业质量标准也是教育改革中“标准运动”（standards movement）的产物之一。

在过去相当长的时期里，教育往往被认为是缺乏标准的领域之一。教育教学的内容存在零散、随机的倾向。不同学校的学生所学内容有很大差异，一个国家不同地区的学生所学内容也不尽相同。就特定的教学内容而言，学生应该学多少、学多深、学多好，往往没有统一的要求或规定。在我国，传统的做法是通过教学大纲提出教学要求，通过相对统一的教材来实现教学内容的统一。而在很多西方国家，很少采用统一的教材，有些学校甚至不采用正式出版发行的教材。

当然，教育本身确实不应该一刀切，不能期望所有的学生以相同的方式和进度学习完全相同的内容，取得相同的学习结果。但是，作为社会生活的一个重要组成部分，作为推动社会发展和人类进步的重要原动力，教育应该有其自身的基本规律，学生接受教育时肯定需要学习一些共同的内容。因此，为了保证教育的质量，教育也应该有规矩和方圆。基于以上认识，以美国和英国为代表的一些西方国家率先在 20 世纪 80 年代的教育改革中，积极尝试基于课程标准的课程改革，这一教育改革潮流经常被称为“标准运动”（Richards，2001）。

标准运动的核心就是制定各学科的课程标准。从西方基于标准的课程改革经验来看，内容标准和学业质量标准是基于标准的课程改革中最重要的两种标准（雷新勇，2012）。所谓内容标准（content standards），就是指学生在一定的年级或学段应该学习哪些内容、形成哪些认知能力。这里的内容不仅包括学科知识，还包括技能。所谓学业质量标准，是指学生在内容标准规定的学习领域、学习主题方面应达到什么程度的规定。学业质量标准在西方更多地称为学业成就标准（achievement standards）。内容标准规定的是学生在学校应该学什么、学到什么程度；而学业质量标准则规定了学生的学业应该达到的水平，以及达到某一水平的学业应该表现出的行为标准（雷新勇，2012）。

在课程标准发展过程中，各国的情况不完全一样。有的课程标准以内容标准为主，有的以质量标准或成就标准为主，有的课程标准既包括内容标准，也包括质量标准，有的课程标准以学业评价标准来规定学生应该达到的水平。

1999 年，教育部启动新一轮的全国基础教育课程改革。此次改革的最重要举措就是制定各学科的课程标准。2001 年，教育部颁布了 18 个学科的义务教育课程标准的实验稿（英语等学科的课程标准涵盖义务教育和普通高中）。2003 年，教育部颁布普通高中所有学科的课程标准实验稿。2011 年，教育部颁布义务教育各学科课程标准的修订版（2011 年版）。《义务教育英语课程标准（2011 年版）》只包括义务教育阶段的英语课程。经过十多年的课程改革，课程标准成为基础教育界人人皆知的概念。教材编写、课堂教学和考试与评价的改革也都紧紧围绕各学科的课程标准来实施。

制定、实施和修订课程标准，有力地推动了基础教育课程改革，促进了教学质量的提高，也引起了国内教育界学者的广泛关注，包括讨论其利与弊。杨向东（2012）认为，我国现有课程标准在本质上属于内容标准，编排体例主要遵循学科体系的逻辑。课程标准虽然在总目标中提及学科能力，但没有将学科能力作为明确的编排原则，没有系统渗透和明确规定不同年级和学段要培养的学科能力以及所应达到的表现水平。这种学科内容取向的编排模式导致了课程实施程度和学业质量标准模糊不清，使教学管理和改进、学生学业评价缺乏明确的参考依据。也就是说，从 2001 年至 2011 年颁布的三个版本的英语课程标准，主要还是以内容标准为主。虽然提及了质量要求，但没有凸显质量标准，更没有单独设置学业质量标准。需要指出的是，各学科课程标准的实际情况并不完全相同。比如，英语、日语、俄语等外语学科的课程标准，实际上对具体内容的规定并不多，反而借鉴了国际上的学业成就标准，在学业要求上提出了更多的规定，相当于学业质量标准，只是没有采用这个术语，也没有单独设置学业质量标准的章节。

课程标准应该是内容标准和学业质量标准的统一。关于如何弥补我国基础教育课程标准缺乏质量标准之不足，国内教育界提出了很多建议。杨向东（2012）撰文指出，考虑到目前的现实情况，在现有课程标准之外研制一个独立存在的学业质量标准用以补充和完善现有课程标准，更加具有可行性和现实性。雷新勇（2012）则认为，鉴于国家的课程标准，尤其是内容标准，对教师课堂教学和学生学习的作用，制定学业质量标准必须以课程标准为基础。如果学业质量标准不以课程标准为基础，那么学业质量标准与课程标准就会各行其是，二者无法形成有效的合力。因此，制定学业质量标准必须以教育部已经颁布的各科课程标准为基础，而不可将其置之度外，另搞一套新学业质量标准。

姚林群、郭元祥（2012）指出，学业质量标准与学科课程标准应具有一致性、相容性和适应性。一般来说，课程标准的主体部分是课程的内容标准，而学生学业质量标准则隐含于内容标准以及学习活动建议之中。学生学业质量标准的侧重点不是课程设计，而是评价标准设计。因而，学生学业质量标准的重心在于对学生学习活动应该达成的成果设计、评价标准的设计、评价方式的设计。简言之，课程标准的设计重点在于学习内容和学生的学习经历，而学生学业质量标准重点在于学习成果和评价标准。

2014 年，为了进一步深化基础教育课程改革，教育部启动普通高中课程标准的修订工作。借此契机，教育部要求在各个学科的课程标准中专门设置学业质量标准，以弥补之前几个版本的课程标准缺少学业质量标准之不足。至此，教育界学者关于制定学业质量标准的建议得以实现。

第三节　划分英语学业质量水平的依据

学业质量标准的核心是学业水平要求。学业水平主要是指学生在不同复杂程度的问题情境中运用知识、技能以及各种重要概念、方法和观念解决问题的关键特征。因此，学业质量水平的主要划分依据是问题情境和学生在解决问题过程中的表现。

通俗地讲，问题情境就是要解决的问题。英语学科里所说的问题情境，通常并不是指解决一些语言方面的问题，如分析一个难句的意思或找出文章的结构，而是借助英语解决某个问题，如获得信息、传递信息、论证观点等。

就问题情境而言，英语学业质量水平的划分考虑到三个方面的因素：

1. 问题情境本身的复杂程度

现实生活中的问题，有的大，有的小；有的简单，有的复杂。英语教学和测评中设置的问题情境也有不同的复杂程度。以下是两个例子：

问题情境 1

Think and Discuss

（1）Do you know any famous inventors? What did they invent?

（2）What inventions are you using right now?

问题情境 2

Exploring the Theme

Read the information on these pages and discuss the questions.（文章略）

（1）Do you agree with the list of the most important inventions? Can you think of other inventions to add?

（2）In your opinion, which inventions made the biggest changes to our daily lives? How?

（3）Which inventions saved the most lives? How?

（Blass et al., 2013）[21-22]

在问题情境 1 中，学生在小组内分享和讨论他们知道的著名发明家及其发明创造，以及现在正在使用的一些重要发明（如电脑、智能手机）。这个问题相对比较简单，学生只需要交流已知信息。问题情境 2 则要求学生先阅读文章，然后讨论他们是否同意文章列举的最重要的发明，哪些发明给人们的日常生活带来的影响最大，哪些发明拯救的生命最多。显然，问题情境 2 比问题情境 1 要复杂得多。学生不仅需要理解文章并从文章中获取必要的信息，还要针对文章提供的信息进行分析、思考并做出自己的判断。

2. 问题情境对相关知识、技能和思维品质的要求

不同的问题情境对相关知识、技能和思维品质的要求是不同的。有些问题通过观察所给材料或通过查找信息就能解决，但有些问题需要经过推理、分析和判断才能解决。有些问题可能只需要一般的知识或经验就能解决，但有些问题需要一定的专业知识才能解决。有些问题借助简单的语言就能解决，但有些问题则需要使用复杂的语言才能解决，如论述复杂的问题或描述复杂的现象。请看以下例子：

问题情境 3

Here are some experts' predictions for life in 2025. What predictions are likely to happen, in your opinion? What predictions are not likely to happen? Why not?

· Most cars will be electric, and they will drive by themselves.

· Most of our energy will come from the sun, not oil.

· People will be able to record and replay their memories.

· Most families will own a robot.

· Some robots will have rights, such as the right to own property or run a business.

（Vargo et al., 2013）[102-103]

问题情境 3 要求学生判断哪些预言可能会发生，哪些不大可能发生。要回答这样的问题，学生不仅需要具备一般的生活常识和经验，可能还需要一定的专业知识和经验，比如关于汽车动力、能源来源、智能机器人的相关知识。

3. 问题情境涉及的情感态度和价值观

大多数问题情境不仅涉及知识和技能，还涉及参与者的情感态度和价值观。有时候，情感态度和价值观甚至对解决问题起着更加重要的作用。以下是一个例子：

问题情境 4

Answer the following questions after reading the story *Romeo and Juliet*.

（学生阅读根据莎士比亚戏剧《罗密欧与朱丽叶》改编的故事）。

（1）Whose fault was the tragedy?

（2）In the play, Juliet was just thirteen. Do you think she is too young to fall in love?

问题情境 4 中的两个问题，不仅涉及学生对故事内容的准确理解，而且还涉及学生对家族矛盾、爱情、婚姻等问题的情感态度和价值观。比如，关于 13 岁的女孩是否可以恋爱的问题，显然不是根据学生一般的知识和经验或根据推理、判断就能够回答的问题。

另外，学业水平的划分还要考虑学生在问题情境中运用知识、技能以及各种重要概念、方法和观念解决问题的关键特征，如运用的知识和概念的正确性，展现的技能的熟练程度，所用方法的多样性和灵活性。学业质量标准三个水平的具体描述主要就是这些关键特征。

在阅读和使用学业质量标准时，不能只关注课程标准中条目式的具体质量要求，而要认真研究课程标准中关于质量要求的概括性描述。这段概括性描述实际上是描述了学生使用英语的情境以及在情境中需要完成的任务或需要解决的问题。学生的素养只有在问题情境或任务情境中才能表现出来。通过观察学生在解决问题或完成任务的过程中的表现，可以测量学生具有的素养或缺乏的素养。以《普通高中英语课程标准（2017 年版）》规定的高中英语学业质量“水平一”为例：概括性描述涵盖了语境范围（相对熟悉的情境），主题范围（人与自我、人与社会、人与自然），需要使用的知识和策略，以及需要完成的任务（理解语篇所传递的意义、意图和情感态度，理解语篇中不同的文化元素及其内涵，分析不同语篇类型的结构特征和语言特点，并能以口头或书面形式陈述事件、传递信息、表达观点和态度等）。需要注意的是，这里描述的不是一个具体的问题情境或任务情境，而是对学生可能面对的问题情境或任务情境的概括和提炼。

条目式的具体质量要求是学生在解决问题或完成任务过程中需要展示出来的能力和品格。这些能力和品格在听、说、读、看、写等语言理解和语言产出活动中以不同的形式表现出来。使用学业质量标准时，特别是基于学业质量标准进行考试与评价时，要设计真实的具体情境和具体任务。情境和任务应具有一定的多样性和一定的数量，以使学生能够充分展示他们已经具备的能力和品格。

第四节 学业质量标准与课程目标的关系

学业质量标准与课程目标应该相互呼应，但二者并不等同。姚林群、郭元祥（2012）讨论过学业质量标准与教学目标的区别：教学目标是对教师如何进行教学而做的一种指向性要求和规定。它更多地服务于教师的教学，为教师教学行为的规范提供“靶子”或“方向”。教师可以围绕教学目标组织教学内容、选择教学方法、开展教学评价，因此它在管理方式和评价标准上注重的是“教师怎么教”与“教了多少”的问题。学业质量标准则将关注点从“教师的教”转向了“学生的学”。通过对学生学习表现的指标体系及其评价工具的系统建构细致描述和具体规定学生预期的学习过程与结果。虽然这里说的是教学目标而不是课程目标，但其中的道理有助于我们理解课程目标与学业质量标准的区别。

我们也可以换一个角度来理解课程目标与学业质量标准的关系，课程目标是指课程在促进学生素养发展方面的预期目标，而学业质量标准是用来检验该课程目标是否达成以及达成程度的检验指标。比如，我们到驾校学习开车的目标是学会开车，但是如何判断一个人是否会开车呢？我们需要一些检验指标，如对起步、停车、加速、入库等技能的掌握和运用情况。

以往课程标准在描述课程目标要求时，使用了“认识”“了解”“理解”“掌握”“应用”等术语。这些术语都是动词，其认知深度和广度基本上是逐步提高的，能够在一定程度较为准确地描述学生不同层次的能力表现。值得注意的是，这些动词的宾语主要还是知识。也就是说，这些目标要求仍然是基于知识学习和知识运用的目标。但是，基于核心素养的课程目标以及学业质量标准已经不再局限于知识的学习和运用，尤其是不局限于语言知识的学习和运用。比如，高中英语学业质量水平一中的1–10是这样表述的：“能基于所读和所看内容，进行推断、比较、分析和概括。”（教育部，2018b）

在制订2017年版高中各学科课程标准的过程中，提出的学业质量标准这一概念，使很多一线教师联想到布鲁姆教育目标分类框架下的学业质量。应该说，学业质量标准与布鲁姆教育目标分类框架下的学业质量有关联，但又有很大的区别。

第一，布鲁姆教育目标分类框架下的学业质量，虽然也提到学业质量，但其核心是“教育目标”，并将认知目标分为两个维度，即知识维度和认知过程维度。知识维度包括事实性知识、概念性知识、程序性知识和元认知知识；认知过程维度包括记忆、理解、运用、分析、评价和创造（张春莉　等，2017）。目标与质量标准是有区别的。目标是期望获得的结果，而质量标准是用来检验目标是否达成以及达成程度的检验指标。因此，学业质量标准与布鲁姆教育目标分类框架下的学业质量的功能定位是有区别的。

第二，布鲁姆教育目标分类框架下的学业质量是不分具体学科的。也就是说，布鲁姆教育目标分类框架下的识记、理解、运用、分析、评价和创造等认知过程目标，理论上讲是适用于大多数学科的，但就目前的情况来看，大多数学业质量标准是针对具体学科制定的。由于各学科的内容和教育教学目标存在差异，各学科的学业质量标准在框架和具体内容等方面存在差异，因而不一定都能够按照识记、理解、运用、分析、评价和创造等维度来设置目标或质量要求。

第三，布鲁姆教育目标分类框架下的识记、理解、运用、分析、评价和创造等教育目标，主要是针对认知过程提出来的，但学业成就不局限于认知过程或认知能力，还包括情感、态度、价值观等教育目标。另外，识记、理解、运用、分析、评价和创造等认知过程目标的重点是学生在学习过程中需要运用的能力或通过学习形成的能力，但这些能力与学生日后在工作和生活中需要的能力不完全相同。

第四，布鲁姆教育目标分类框架下的识记、理解、运用、分析、评价和创造等教育目标主要是针对知识学习而设置的目标，即识记知识、理解知识、运用知识，在此基础上分析和解决问题。但是，就英语学科而言，至少有两类知识：语言知识和非语言知识。语言知识就是大家通常说的语音、词汇、语法、语篇、语用等方面的知识；非语言知识是指英语学习材料（如课文）和学习活动（如讨论活动）涉及的各种知识，如人文、历史、社会、科技、教育等知识。那么识记、理解、运用、分析、评价和创造是指向语言知识，还是指向非语言知识？这是英语学科的一个特殊性，也是广大一线英语教师需要注意的一个问题。

第五，布鲁姆教育目标分类框架下的识记、理解、运用、分析、评价和创造等教育目标对设置学业质量标准具有重要的参考价值。由于这些目标是由低级到高级逐步提高的，参考这一框架来设置质量标准中的部分内容，有利于更加精准地把握学生的实际学业成就。

第五节　学业质量标准与核心素养水平的关系

前面已经提到，学业质量标准主要是指学生通过课程的学习应该达到的素养水平要求。但是，在修订的各个学科课程标准中，既有学业质量标准，也有学科核心素养水平划分及相应的水平描述。那么学业质量标准与素养水平之间有什么关系呢？

就英语学科而言，核心素养水平划分为三个级别（一级、二级、三级）；学业质量标准分为三个水平（水平一、水平二、水平三）。很多一线教师不能理解二者的关系。有的教师认为，二者是重复的，二者取其一即可。还有教师认为，学业质量标准是考试与评价的主要依据。教师可能关注学业质量标准,而忽视核心素养水平的划分。下面我们结合以上问题讨论二者的关系。

《普通高中英语课程标准（2017 年版）》指出，学科核心素养是学科育人价值的集中体现，是学生通过学科学习而逐步形成的正确价值观念、必备品格和关键能力。英语学科核心素养主要包括语言能力、文化意识、思维品质和学习能力（教育部，2018b）。这个定义中有一个表述值得注意，即“逐步形成”，也就是说，核心素养的形成与学习阶段有关联性，核心素养是在学习过程中逐步形成的。既然核心素养是逐步形成的，那么核心素养就有不同的水平。为了对教育教学起到指导作用，我们需要对核心素养的不同水平进行描述。按水平划分的核心素养体系也可以用来检测学生个体或群体在某阶段的核心素养发展情况。比如，我们可以以某个级别的素养描述为参照，将素养描述与某个学生的实际表现进行比对。通过比对结果，我们可以判断该学生目前的素养发展情况，如低于该级别的要求或达到该级别的要求。可以这么说：核心素养水平划分是一个相对客观的衡量标准，不针对某个学生个体或群体，也不针对某些课程或课程内容的学习。

学业质量标准则是针对课程及其内容的学习结果制定的检验标准。高中英语学业质量标准的三个水平就是分别针对高中阶段英语必修课程、选择性必修课程以及选修课程中提高类课程而制定的质量标准。但是，正如前面已经强调过的，学业质量标准并不是规定这三类课程本身的学习情况，而是规定学生通过这三类课程的学习应该形成的素养。即学业质量标准的三个水平与核心素养的三个级别并不是完全对应的关系。

由于课程的实施受到整体或区域教育发展水平、可利用的教育资源、学生学习基础以及其他因素的影响，课程学习的过程和结果具有一定的不平衡性和动态性。比如就具体的某个时期而言，综合考虑各方面的因素之后，我们可能做出这样的预估：大部分学生在完成选择性必修课程的时候，其语言能力和文化意识可以达到素养水平划分中的二级，思维品质只能达到素养水平划分中的一级，学习能力可以达到素养水平划分中的三级。在这种情况下，针对选择性必修课程制定的学业质量标准（水平二）的具体要求与素养水平的关系如表 3-2 所示：

表3-2 学业质量水平与素养级别的关系示例1

学业质量水平	素养级别
水平二	语言能力（二级）
	文化意识（二级）
	思维品质（一级）
	学习能力（三级）

随着教育教学条件的改善以及整体教学水平的提高，针对某个时期学生的整体学习情况，我们可以重新预估学生在完成选择性必修课程时达到的素养水平，如：语言能力可以达到素养水平划分中的三级，文化意识可以达到二级，思维品质可以达到二级，学习能力可以达到三级。在这种情况下，可以调整针对选择性必修课程制定的学业质量标准的具体要求，如表 3-3 所示：

表3-3 学业质量水平与素养级别的关系示例2

学业质量水平	素养级别
水平二	语言能力（三级）
	文化意识（二级）
	思维品质（二级）
	学习能力（三级）

根据以上讨论，我们可以这样理解：核心素养及其水平划分相对稳定，而学业质量标准具有一定的动态性。假如课程标准需要做阶段性的修订，其中的核心素养及水平划分可以不做调整或做微小的调整，而学业质量标准则需要根据所处阶段学生总体学习情况做调整。

学业质量标准与核心素养水平划分的另外一种关系是，学业质量标准源于核心素养及其水平划分。在一定程度上，学业质量标准是核心素养及其水平划分在实际操作中的具体化。从 2017 年版课程标准附录中的“英语学科核心素养水平划分”可以看出，核心素养是经过高度提炼的学生应具备的关键能力和必备品格。英语课程目标、课程结构、课程内容、教材、课程评价都应该基于核心素养来设计。一方面，核心素养不可能过于具体；另一方面，核心素养要体现在课程目标、课程结构、课程内容、教材、课程评价等所有与课程相关的部分。学业质量标准就是核心素养在课程评价中的体现形式。或者说，学业质量标准把课程内容及学生的学习情况与核心素养水平联系起来，如图 3-1 所示：

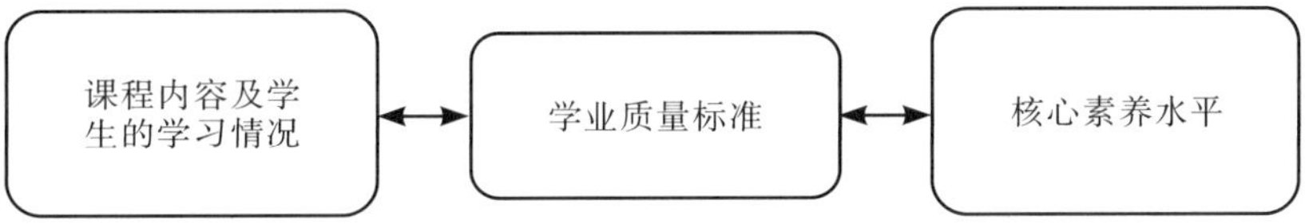

图 3-1　学业质量标准与课程内容、核心素养的关系

还可以这样理解：学业质量标准可以用来检验学生课程的学习情况，检验的结果可以用来判断课程内容的学习是否使学生形成了学科核心素养以及素养发展的水平。这里需再次强调的是，采用学业质量标准来检验学生课程的学习情况，并不是检验学生对课程内容本身的掌握情况，而是检验学生通过课程内容的学习所形成的核心素养。

第六节 学业质量标准与课程内容的关系

学业质量标准与课程内容有关联性。前面我们强调过，学业质量标准应该基于学科核心素养，而不是基于具体的课程内容。也就是说，学业质量标准并不规定特定的课程内容要学多少、学多好，而是规定通过特定课程内容的学习，学生形成什么样的能力和品格。英语学科更是如此。比如，在具体课程实施过程中，英语学科的很多学习内容是英语语篇（包括书面语篇和口语语篇）。学业质量标准并不规定学生要学习多少篇语篇、学习哪些具体的语篇，也不规定所学语篇要学到什么程度。但是，这并不意味着学业质量标准与课程内容没有关联性。学业质量标准指向学生通过一个阶段的学习而形成的能力和品格，而能力和品格的形成源自对课程内容的学习。因此，课程内容的选择与安排要有利于学生形成能力和品格，而且在一定阶段要达到学业质量标准对学生能力和品格发展程度的规定。如果课程内容的选择与安排不合理，学生可能不能形成学业质量标准规定的能力和品格；或者学生形成的能力和品格不是学业质量标准所要求的能力和品格。

细心的读者可能注意到，《普通高中英语课程标准（2017 年版）》中“课程内容”部分的很多表述与“学业质量标准”部分的很多表述十分相近甚至重叠。比如“课程内容”部分对语言技能的内容描述与“学业质量标准”中的一些表述就十分相近。这是由英语课程的特殊性所决定的。作为一门语言类课程，英语课程的学科内容不像其他学科（如科学、地理、生物）的学科内容那样凸显。虽然英语学科也有语言知识、文化知识等学科知识，但英语学科最重要的目的是使学生形成语言运用能力、跨文化理解与交际能力、思维能力等。也就是说，英语课程的内容既包括学科知识，也包括能力。因此，就英语学科而言，课程内容与学业质量标准存在一定程度的交集。但是，大家要注意到，“课程内容”部分对能力的描述以微观、具体的语言技能为主，这主要是为了指导平常的课堂教学；而“学业质量标准”部分对能力的描述更加接近现实生活中的语言使用情形和对语言使用的要求。

英语学科学业质量标准的三个水平是分别针对必修课程、选择性必修课程和选修课程中的提高类课程制定的。也就是说，对大多数学生而言，修读必修课程之后应该能够达到水平一，修读选择性必修课程之后应该能达到水平二，修读选修课程中的提高类课程之后应该能达到水平三。但是，实际情况可能并非如此简单。

第一，学业水平的提高是一个逐步提升的过程，而且某个水平的表现通常是基于前一个水平的表现。也就是说，水平二基于水平一，水平三基于水平二。比如，虽然水平二是针对选择性必修课程制定的，但如果学生达到水平二，并非只是修读了选择性必修课程的学习结果，应该也有必修课程的贡献。

第二，学生修读必修课程、选择性必修课程和选修课程中的提高类课程并不能保证分别达到水平一、水平二和水平三。由于学生存在个体差异以及学习进阶的不均衡性，即使学生按部就班地修读了三类课程，也不能保证按部就班地达到水平一、水平二和水平三。学生达到某一水平的时间可能延缓，也可能提前。

第三，即使学生不修读必修课程、选择性必修课程和选修课程，如果学生通过其他途径学习英语，也可能达到学业质量标准的水平一、水平二和水平三。

第七节 学业质量标准的应用前景

对于国内英语教育界来说，英语学科学业质量标准应该还是新鲜事物。虽然学业质量标准的研制借鉴了国外较为成熟的经验，也参考国内以往的教学大纲和课程标准的相关内容，但总的来说，学界对英语学科学业质量标准的研究还不够充分，学业质量标准在实际使用过程中也还会遇到挑战或问题。第一，学业质量标准与考试标准（相当于现行的考试大纲或考试说明）如何真正做到协调统一。如果将来的考试与评价不能真正以学业质量标准为依据，那么学业质量标准的作用可能被削弱，甚至可能形同虚设。第二，学业质量标准中的具体要求是抽样的，而非完全覆盖课程标准规定的所有课程内容。如果将来的考试与评价确实做到以学业质量标准为依据，那么日常的英语教学有可能狭隘地围绕学业质量标准打转，而不是根据课程目标和课程内容来实施教学。第三，学业质量标准是检验课程学习情况的标准。随着高中英语课程改革的推进，课程学习情况可能会发生变化，如随着教学质量的提高，课程内容可能升级。在这种情况下，如果课程标准不能及时修订，学业质量标准的适用性可能会受到挑战。

目前高中英语学业质量标准设置了三个水平，分别针对必修课程、选择性必修课程和选修课程。但是学生分别完成这三类课程时，其学习结果并不是完全相同的。以必修课程为例，学生完成必修课程的学习时，大多数学生可能都达到了水平一的要求，但是达到的程度可能是不一样的。另外，有的学生可能尚未达到水平一的要求。那么如何衡量学生达到学业质量水平的不同程度呢？这就需要对学业质量标准进行进一步的细化。

有些国家（如澳大利亚）的学业质量标准针对每一条学业质量，提供了不同达成程度的描述，即从“完全达成”到“基本上没有达成”的不同等级描述。《普通高中英语课程标准（2017 年版）》在研制过程中也提出过类似的质量标准（见表 3-4、3-5、3-6）。具体做法是：针对每一项学业质量，分别给出 A、B、C、D 四个等级的描述，代表学生在该项学业质量上的不同达成程度，即优秀、良好、合格和不合格。这样的学业质量标准在今后的测评中可能更具有可操作性。但这样的学业质量标准显得有些琐碎，所以最终发布的《普通高中英语课程标准（2017 年版）》并没有采用。但是，学校和地区在将来对学生进行测评时，可以借鉴这一思路。

表3-4　必修课程学业质量要求[1]

序号	A	B	C	D
1	能抓住熟悉话题语篇的要点和意图，分析和综合其中的信息和观点。	能判断和识别熟悉话题语篇的意图，获取其中的主要信息和观点。	能抓住日常生活语篇的大意，摘录其中的主要信息和观点。	能从日常生活语篇中获取少量信息和观点。
2	能分析语篇中主要事实与观点之间的逻辑关系。	能识别语篇中的主要事实与观点之间的逻辑关系。	能区分语篇中的主要事实与观点。	不能区分语篇中的事实与观点。
3	能感知语篇中特定语言的使用意图。	能注意到语篇中的词汇、语法特征。	能注意到语篇中明显的语言特征。	对语篇中的语言特征不够敏感。
4	能分析和解释语篇反映的态度和价值观。	对语篇反映的态度和价值观有自己的判断。	能识别语篇反映的态度和价值观。	对语篇中反映的态度和价值观不够敏感。
5	能根据所学概念性词语从不同角度思考和认识周围世界。	能把英语概念性词语与周围世界联系起来。	能理解所学英语概念性词语的内涵和外延。	只能理解概念性词语的字面意思。
6	能分析和解释语篇反映或包含的社会文化现象。	能区分和鉴别语篇反映或包含的社会文化现象。	能识别语篇直接陈述的社会文化现象。	能识别语篇中的个别社会文化现象。
7	能有条理地描述自己或他人的经历，能阐述观点，表达意图和态度。	能简要描述自己或他人的经历，表达观点并举例说明。	能复述读到或听到的经历，表达简单的观点。	能复述读到或听到的部分内容。
8	能在表达中有意识选择词汇和语法结构。	所用词汇和语法结构能够表达主要意思。	所用词汇和语法基本上能表达主要意思。	表达中使用的词汇和语法不恰当或有明显的错误。

[1]　表3-3、表3-4和表3-5是《普通高中英语课程标准（2017年版）》研制过程中的讨论稿，最终未被采用。

续表

序号	A	B	C	D
9	能在表达中使用图表等非文本形式呈现信息。	能将图表中的信息转换成文本信息。	能用文字表述图表中的信息。	在表达中使用极少的非文本信息。
10	能在表达中借助语言反映自己的交际角色。	能根据自己的交际角色进行交流。	在交流中能注意到交际各方的身份、地位等。	对交流各方的身份、地位不敏感。
11	能在表达中有意识地体现跨文化意识和情感态度。	在表达中能注意到自己的文化背景和情感态度。	在交流中能注意到对方的文化背景和情感态度。	在交际中对对方的文化背景不敏感。
12	能通过解释、澄清等方式克服交际中的语言障碍，维持交际。	能通过重复等方式克服交际中的语言障碍，维持交际。	能通过简化语言等方式克服交际中的障碍，维持交际。	遇到障碍时暂停或终止交际。
13	能根据篇章标题、图片、图表和关键词等信息，预测和理解语篇的主要内容。	能根据语篇标题的措辞等信息，预测语篇的主要内容。	能根据篇章标题、图片等信息，预测语篇的主要内容。	不能根据篇章标题、图片等信息预测语篇的内容。

表3-5　选择性必修课程学业质量要求

序号	A	B	C	D
1	能阐释和评价语篇中的主要信息和观点，评价事实与观点之间的逻辑关系。	能分析和比较语篇中的主要信息和观点，理解事实与观点之间的逻辑关系。	能抓住语篇的主要信息和观点，区分语篇中的事实与观点。	能找出语篇中的少量信息、观点和事实。
2	能评价语篇中特定词汇和语法结构的意图。	理解语篇中特定词汇和语法结构的意图。	注意到语篇中词汇和语法结构等语言特征。	不能注意到语篇的词汇、语法特征。
3	能评价语篇结构的合理性。	能分析语篇中各组成部分的意图。	能识别语篇中各组成部分的意图。	只能识别语篇的局部结构。
4	能阐释和评价语篇涉及的情感、态度和价值观。	能解释语篇涉及的情感、态度和价值观。	能识别语篇涉及的情感、态度和价值观。	对语篇涉及的情感、态度不敏感。

续表

序号	A	B	C	D
5	能根据所给信息，提炼事物共同特征，形成新的概念。	能根据所学概念性词语和表达句式，从不同角度思考问题。	能把英语概念性词语与周围世界联系起来。	对概念性词语的内涵和外延理解不准确。
6	能评价语篇反映的文化传统和文化现象。	能解释语篇反映的文化传统和文化现象。	能比较、归纳语篇反映的社会文化现象。	能识别语篇中的少量社会文化现象。
7	能利用语篇结构知识表达和论证个人观点，条理清晰、流畅，内容和结构完整。	能连贯地表达和论证个人观点，能利用衔接和连贯手段提高表达效果。	能表达并论证个人观点，能利用一些连接性词语，建立话语的逻辑性。	能使用非常有限的语言表达个人观点和想法。
8	能使用创造性的语言描述生活经验（叙事）。	能使用有效的语言表达手段描述生活经验。	能使用正确的语言描述生活经验。	能使用有限的语言描述生活经验。
9	能有意识地选择词汇和语法表达特殊意图和效果。	能使用较丰富的词汇和语法结构表达意思和意图。	所用词汇和语法结构能够表达主要意思。	所用词汇和语法不能表达主要意思。
10	能建构恰当的交际角色和人际关系。	能在交际中反映自己的身份、地位等。	能在交际中注意到自己的身份、地位等。	在交际中对对方的身份、地位不敏感。
11	能在表达中有意识地体现跨文化意识和情感态度。	能在表达中体现跨文化意识和情感态度。	在表达时能注意到自己的文化背景和情感态度。	对语言反映的跨文化和情感态度不够敏感。
12	能通过分析和总结等手段，提炼语言形式的结构、意义和使用规律。	能通过比较和分类等手段，概括语言形式的结构、意义和使用规律。	能观察、比较语言形式的结构、意义和使用规律。	不能从语言现象发现和总结规律。
13	能利用构思、谋篇布局、起草、修改等手段创造性地建构和完善文本。	能利用构思、谋篇布局等手段创建和完善文本。	能根据表达需要，构思、起草、修改文本。	创建的文本结构不完整。
14	能通过解释、阐述等手段克服交流障碍，借助语调、表情等手段辅助交流。	能通过举例、重复等手段克服交流中的障碍，借助表情、手势等手段辅助交流。	能通过重复、表情、手势等手段表达意思。	不能使用辅助手段克服交际中遇到的困难。

表3-6 选修课程学业质量要求

序号	A	B	C	D
1	能准确、流畅地理解语篇传递的要义和具体信息。	能有效地理解语篇传递的要义和具体信息。	能理解语篇传递的全部要义和具体信息。	对语篇传递的要义把握不准确。
2	能根据上下文推断意义，阐释、分析和概括语篇表达的观点、意图。	能根据上下文推断意义，分析和概括文本中的部分观点和事实。	能根据上下文推断意义，理解文本所表达的观点和态度。	勉强能根据上下文推断部分意义。
3	能批判性地审视语篇的内容、结构和语言特征之间的关系。	能把握语篇的内容、结构和语言特征之间的关系。	能识别语篇的内容、结构和语言特征之间的关系。	不能识别语篇的内容、结构和语言特征之间的关系。
4	能批判性地审视语篇反映的态度和价值观。	能分析和评判语篇反映的态度和价值观。	能识别语篇体现态度和价值观的语言手段。	对语篇反映的态度和价值观不敏感。
5	能归纳、概括信息，形成新的概念和判断，解决新问题。	能综合所得信息，提出合理的质疑，做出正确的评价。	能针对各种观点和思想，形成自己的判断。	能识别部分信息之间的相互关系。
6	能评价中外典故和有代表性的文化事件在语篇中的作用。	能解释中外典故和有代表性的文化事件在语篇中的作用。	能指出中外典故和有代表性的文化事件在语篇中的作用。	对语篇中的典故和文化事件不敏感。
7	能通过英语准确、熟练、得体地陈述事件，传递信息，表达观点、情感、态度和价值观。	能通过英语准确、熟练地陈述事件，传递信息，表达观点、情感和意图。	能通过英语较为准确地陈述事件，传递信息，表达观点、情感和意图。	能使用有限的语言描述事件，传递信息，表达观点。
8	能根据表达意图和受众特点，有效地选择和整合性地运用语言。	能根据表达意图和受众特点，有意识地选择和运用语言。	能根据表达意图和受众特点有目的地选择语言。	所用语言能够勉强实现交际目的。
9	能在人际交往中建构恰当的交际角色和人际关系。	能在人际交往中建构必要的交际角色和人际关系。	能在人际交往中有意识地建构交际角色。	不能在人际交往中有意识地建构交际角色。

续表

序号	A	B	C	D
10	能借助中外典故和有代表性的文化标志表达意义和态度。	能借助中外典故和有代表性的文化标志说明事理。	能在表达中根据需要使用中外文化知识。	表达中对中外文化差异不敏感。
11	能根据文化传统和习惯得体地进行交流，如使用委婉语言表达意思。	能根据文化传统和习惯有效地进行交流，如使用礼貌语言表达意思。	能根据文化传统和习惯进行交流，如使用习语和程式语。	交流中对文化传统和习惯关注不够。

注:本章的部分内容曾以《高中英语学业质量标准研究》为题发表于《课程·教材·教法》2018 年第 4 期。

第四章 以发展学生核心素养为目的的英语课堂教学

英语课堂教学是英语教育的核心环节，也是实施英语课程的关键所在。英语课程目的、目标和内容的变化，也会带来教学方式和方法的变化。当育人目标转向培育学生核心素养时，相应地，课堂教学必须发生根本性的变革（郑葳 等，2018）。核心素养背景下的英语课堂教学应该以学生学习为中心，以发展学生核心素养为目标。英语教学研究应着力研究和解决当前英语课堂教学中存在的问题，特别是要探索有利于发展学生英语学科核心素养的课堂教学理念和实践模式，提高英语课堂教学的整体质量和水平。

第一节　通过创新英语课堂教学发展学生核心素养

核心素养背景下的英语教学，既要继承传统，也要进行改革与创新。继承传统就要保留并继续使用过去行之有效的教育教学方式。特别是那些既能使学生提高考试成绩，又能使他们提高实际语言运用能力的教学方式和方法，不仅要继续使用，还要发扬光大。英语教学的改革和创新就是在教学目标、内容、方法、方式、手段等方面做出新的选择或进行新的尝试。英语教学的改革与创新关键在课堂。核心素养背景下的英语课堂教学，主要任务是落实语言能力、文化意识、思维品质和学习能力等核心素养的发展。为此，笔者提出以下建议。

一、切实将语言知识的教学与语言运用能力的培养结合起来

英语学科核心素养的核心是英语语言运用能力。语言运用能力的基础是语言知识。广义上讲，语言知识甚至可以视为语言能力的组成部分。在核心素养背景下，英语教学应该继续重视语言知识的教学。也就是说，不应该讨论语言知识该不该教，而要研究应该给学生教授哪些语言知识，如何有效地教授语言知识，如何使语言知识的教学与语言能力的发展紧密地结合起来。大家都知道，学习语言知识就是为了在语言使用过程中运用语言知识。也就是说，学习知识不是为了获得知识本身，而是为了运用知识。绝大多数一线英语教师也认可这样的道理。但是，在实际教学中为教知识而教知识的现象仍然存在，有些地区这一现象还比较突出。一些教师认为，在中国语境下学习英语，学生没有使用英语的环境，难以培养语言运用能力。还有教师认为，课堂教学的任务重、课时紧，难以顾及语言实践活动。其实，将语言知识的教学与语言运用能力的培养结合起来，并非像有些教师想象的那么困难，也不需要额外占用太多的时间，关键在于教学方式与方法的选择。下面我们结合几个教学实例做进一步的讨论。

例 1

GRAMMAR
must/mustn't

1 Complete the sentences from the article on page 85 with *must* or *mustn't*. Then complete the rule.

1 You ____ be nine years old or more to be on *Star Junior Chefs*.
2 We ____ wash our hands before we start cooking.
3 We ____ put them in our mouths.

RULE: We use *must* and *mustn't* to talk about rules.
1 Use ____ to say that it's necessary to do something.
2 Use ____ to say that it's not OK to do something.

2 Complete the dialogues. Use *must* or *mustn't* + a verb from the list.

buy | eat | forget | give

0 A: Hey, can I borrow this book?
B: Sure, but you must give it back next week.
1 A: Mum, can I have some chocolate?
B: Of course not! You know you ____ chocolate before lunch.
2 A: It's Julia's birthday next week.
B: That's right. We ____ to buy her a present.
3 A: Oh, no. There isn't any milk.
B: I ____ some after work.

3 SPEAKING Work in pairs. Think of some things that are important for you to do (or not to do) in the next few days.

I must write an email to my friend Mark.

I mustn't forget to clean my room.

(Puchta et al., 2016a)

例 1 是剑桥大学出版社出版的英语教材 *Think* Starter Level 第 9 单元中阅读活动之后的语法学习板块，教学重点是学习 must 和 mustn't 的意义和用法，共有三个练习（活动）。

练习 1 要求学生用 must 和 mustn't 补全句子，这些句子都选自学生在本单元阅读过的语篇。也就是说，学生已经在完整的语篇中接触、理解了这几个句子，也应该理解了 must 和 mustn't 在语境中的基本意思。这个练习的目的是让学生在语篇学习的基础上聚焦 must 和 mustn't 的意义和用法。这就体现了在语境中接触、理解、学习语言的教学理念。同时，这个练习还要求学生根据自己的观察来归纳语法规则。值得注意的是，教材提供的两条（不完整的）规则没有使用专业语法术语，而是采用了通俗易懂的表述方式："Use must to say that it's necessary to do something. Use mustn't to say that it's not OK to do something"。再有一点，教材并不局限于 must 和 mustn't 的意义，还突出了 must 和 mustn't 的表意功能："We use must and mustn't to talk about rules."（我们用 must 和 mustn't 来谈论规则）。

练习 2 要求学生用 must 或 mustn't 加一个动词补全短对话。这样的填空练习看似很简单，也很普通，与我们平时做的填空题好像没有什么不同。但是大家仔细观察就会发现，这个练习的设计非常值得我们借鉴。首先，学生不只是选择 must 或 mustn't 来填空，而是要根据上下文的语境来判断应该选哪个情态动词，同时还要选择一个恰当的动词。这样学生就是在接近真实的语言情境中使用语法知识。

练习 3 要求学生两人一组，想一想他们在接下来的几天要做或者不能做的事情（如“I must write an email to my friend Mark.”）。同时用 must 和 mustn't 这两个情态动词来描述这些事情，并提供了两个例子。这个练习就更加接近实际语言运用了。笔者在教师培训的讲座中尝试请英语教师做这个练习，但发现有的教师很难用 must 和 mustn't 来表达真实的意思（在接下来的几天真的要做或不做的事情）。这也从一个侧面反映了英语教学的短板。

下面我们再举一个例子：

例 2

Complete the following sentences to compare the two things in each sentence.

A gold mine is like a super market because ____________________.

A gold mine is different from a super market because ____________.

A train track is like a road because ________________________.

A train track is different from a road because __________________.

A spinning wheel is like a car because ______________________.

A spinning wheel is different from a car because ______________.

An egg is like an orange because __________________________.

An egg is different from an orange because ___________________.

Oil is like a pot of coffee because _________________________.

Oil is different from a pot of coffee because __________________.

（Polette，2007）

例 2 要求学生补全句子，但不是简单地根据语法规则或选择词语来补全句子，而是要在理解句意的基础上，经过自己的想象和思考之后补全句子。这个练习的重点是学习和掌握“Something is like...”和

"Something is different from..." 这两个表达法。但是，学生不是机械地识记这两个表达法结构，而是用这两个表达法来比较事物的异同，如：矿井就像超市，因为……；矿井与超市不同，因为……。通过这样的练习，学生能够把语言知识运用到真实的思维活动和表达活动之中，从而逐步发展实际语言运用能力。

下面我们再看一个词汇教学的例子。

例 3

Label the pictures with the phrases on the left.

brush your teeth
get up
eat breakfast
go to bed
take a shower
catch the bus
go to the movies
take a nap
watch TV
visit friends
start work
eat out

a. ______________

b. ______________
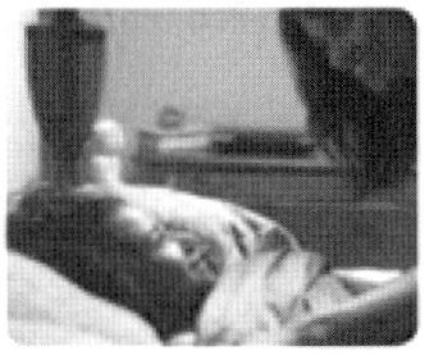
c. ______________

d. ______________

e. ______________

f. ______________

g. ______________

h. ______________

i. ______________

j. ______________

k. ______________
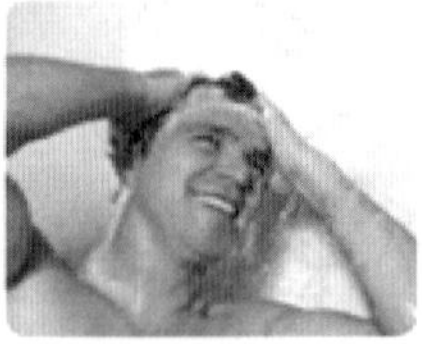
l. ______________

(*World English*, Level 2, Unit 2, Cengage Learning)

例 3 是一个图文匹配活动。这个练习要求学生把左侧 12 个表示日常活动的短语与右边 12 幅图片进行匹配。这样的图文匹配活动在英语教学中非常多。但是，如果大家仔细观察这个活动，就会发现这个活动与我们课堂上常见的匹配活动还是有一些区别的。比如，图片 e 是看电影，对应的短语是 go to the movies。但是，在我们常见的教材和练习册里，与 go to the movies 这个短语相匹配的图片往往是什么样子的呢？通常是电影院的外景（上面还写着 Cinema），或者是电影院的内景，有一个大屏幕，很多人在看电影的情形。而本例子中的图片是两个女生吃爆米花的情形，既没有电影院的屏幕，也没有 Cinema 的字样。这样的图片既真实，又给学生留有想象和思考的空间。做这个活动的时候，学生不仅要把短语与图片进行匹配，还要学生说出他们的理由。由于这些图片是生活中比较真实的情景，容易引起学生的兴趣，也有利于学生通过自己的观察、思考来加深对这些日常活动的认识，同时学习英语。这样的词汇教学活动有利于实现对词汇的深度理解，从而提高词汇教学的效率。

二、通过语言实践活动发展学生的语言能力

大家都知道，语言是用来传递信息、表达思想和情感、再现生活经验的工具，是我们在生活中使用的工具。不管是学习母语还是学习外语，都需要经历使用语言的过程。如果没有使用语言的机会，恐怕谁也学不会语言。因此，英语教学要为学生创造使用语言的机会。要设计和实施丰富多彩的语言实践活动，让学生把语言用起来：用语言交流信息、表达观点和情感、再现经验、解决问题。下面我们看几个例子。

例 4

1. Look at the photos. Where can you see the words in the list? Write 1~8 in the boxes.

1 a carrot cake　2 a chef　3 a plate　4 cooking

5 an omelet　6 tomato soup　7 some salad　8 steak

2. SPEAKING What other food words do you know?

pizza, apples, hamburgers, ...

3. SPEAKING Tell your partner what food you like and don't like.

I like.... I don't like....

（Puchta et al.，2016a）

例 4 是围绕食物和烹饪这一话题进行的词汇学习活动，一共有三个练习（活动）。练习 1 要求学生把一些有关食物和烹饪的词语与图片进行匹配，或者说在图片中找出这些单词。这些单词有的是学生比较熟悉的，有的是不太熟悉的。对于中国学生来说，不光是这些单词，就是这些食物也可能不完全熟悉。所以这个练习不仅让学生学习英语词汇，而且学习有关食物和烹饪的知识。接下来的练习 2 要求学生说一说他们知道的其他的有关食物和烹饪的单词。重点是练习 3，这个练习要求学生两人一组，说一说他们喜欢和不喜欢的食物。饮食是大家都感兴趣的话题，而且人们往往有不同的喜好。所以，让学生讨论他们喜欢或不喜欢的食物，就是一个很好的语言实践活动。

下面我们再看一个语言实践活动的例子。

例 5

THINK CRITICALLY. Interpret a Graph. Work with a partner and discuss these questions.

1. According to the graph, does happiness increase quickly or slowly with a few more choices? Why do you think that is? Does it

decrease quickly or slowly with a lot of choices?

2. How are the first and third faces similar? How are they different?

3. Do the ideas in The Happiness Curve support the ideas in *The Paradox of Choice*. Explain your answer.

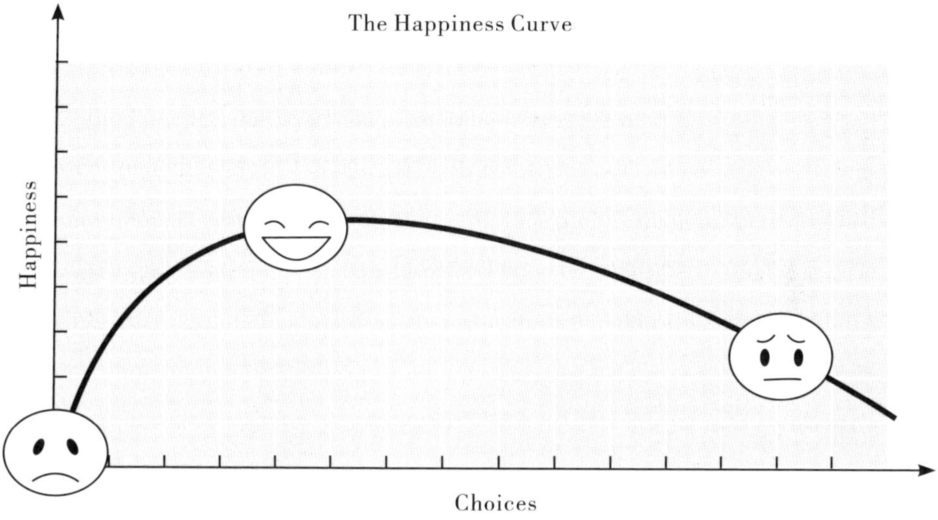

(Williams, 2016)

例 5 是阅读教学的读后活动。这个活动要求学生观察幸福曲线图(The Happiness Curve),结合之前所读的课文(“The Paradox of Choice”)来讨论生活中选择的多和少与幸福的关系。比如,根据这幅图片,生活中的选择增加时,我们的幸福指数是迅速提高还是慢慢提高?生活中面临大量选择时,我们的幸福指数是迅速降低还是慢慢降低?为什么?这幅图里的第一个面部表情与第三个面部表情有什么相似之处?有什么不同之处?这幅图反映的信息是否能够支持“The Paradox of Choice”这篇课文表达的观点?显然,在这个活动中,学生关注的不再是词汇或者语法,而是图片反映的信息以及文章的观点。学生思考的问题不是语言问题,而是社会生活中的问题。这就是语言实践活动。如果课堂上学生有大量的机会参与这样的语言实践活动,“学了英语不会用”的问题就可以逐步解决了。

三、把英语教学与学生自身的知识、经验和情感结合起来

提高英语教学效果的手段之一是使学生全身心投入到学习过程之中。而要使学生真正投入到学习过程之中，就要使教学的内容与学生自身的知识、经验和情感建立关联性。也就是说，要使学生把自己的知识、经验和情感带入学习活动之中。当我们要去培养学生的核心素养时，不仅要求课堂教学要关注过程，教师在课堂教学时要眼中有“学生”，更需要激发学生的学习主动性与学习责任心，只有他们在课堂教学中主动行动起来了，核心素养才可能在他们身上开花结果（周彬，2018）。下面我们举一个例子。

例 6

How well do you know yourself? How well do you know others?

(1) Below are some adjectives that are often used to describe people's personality and traits. Which words do you think can be used to describe yourself? Tick ten words that best describe your personality and traits.

□aggressive	□disciplined	□intelligent
□ambitious	□disorganized	□optimistic
□amiable	□easy-going	□out-going
□careful	□efficient	□punctual
□confident	□frank	□realistic
□considerate	□diligent	□romantic
□cooperative	□helpful	□selfless
□creative	□humorous	□stubborn
□dependable	□independent	□tolerant

(2) Work with another student. Look at the words that your partner has ticked. Do you think the words truly describe him or her? What other words do you think he or she should have ticked?

(3) How well do you know the people around you? How do you get to know them?

例 6 是某单元中阅读板块之前的一个板块，其目的是复习和学习描述个性特征的英语词汇，并激活学生已有的相关知识。这个板块共有三

个活动。第一个活动要求学生从所给的单词中选出十个最能反映他们自己的个性特征的单词。第二个活动要求学生两人一组对比他们挑选的单词，并讨论这些单词是否能够准确反映各自的个性特征。第三个活动要求学生讨论他们是否了解周围的人，他们是如何了解周围的人的。这些活动很显然都是围绕学生自身相关情况开展的，要求学生反思自己的个性特征，在小组内讨论自己的个性特征以及他们对周围人群的了解。

四、把英语学习与思维训练结合起来

英语教学与思维能力的培养有千丝万缕的联系。首先，语言是思维的工具，学习语言就是学习如何思维。其次，语言学习要借助各种各样的语篇，而语篇是有内容的。学习这些语篇的内容，也需要经历各种各样的认知过程，包括理解、比较、分析、归纳、阐释和评价等过程。而这些过程就离不开不同层次的思维过程。因此，语言学习活动离不开思维的过程。英语教学活动要让学生的思维动起来，让学生学习如何思考，在思考中学习。以下是一个例子：

例 7

Think and Discuss

1. Do you know any famous inventors? What did they invent?

2. What inventions are you using right now?

Exploring the Theme

Read the information on these pages and discuss the questions.

1. Do you agree with the list of the most important inventions? Can you think of other inventions to add?

2. In your opinion, which inventions made the biggest changes to our daily lives? How?

3. Which inventions saved the most lives? How?

What's the World's Greatest Invention?

A U.K. company, Tesco Mobile, asked 4,000 people to name the world's most important invention. Some inventions—like the washing machine and wheel—make everyday life easier. Some, like the medicine penicillin, save lives. Others—like wireless technology and the Internet—changed the way we communicate. As Lance Batchelor, CEO of Tesco Mobile, says, "All of the inventions in this list have changed the world forever."

1 wheel
2 airplane
3 lightbulb
4 Internet
5 personal computer
6 telephone
7 penicillin
8 iPhone
9 flushing toilet
10 combustion engine

Alexander Graham Bell invented the first telephone in 1876. His early interest in speech, sound, and music helped him understand how sound might travel along a wire. Later he created the Bell Telephone Company, which became AT&T, the largest phone company in the U.S.

Orville Wright made the first powered airplane flight (right) on December 17, 1903, on a windy hillside in North Carolina, USA. The flight lasted 12 seconds for a distance of 120 feet (36.5 meters)—shorter than a Boeing 707's wingspan. To build the *Flyer*, Orville and his brother Wilbur used bicycle technology, parts made from wood, a homemade engine—and no wheels.

The internal combustion engine is the main source of power for most cars, planes, and boats. A car's movement comes from burning fuel in the engine, which produces high-pressure gas. Other types of vehicles use electricity stored in batteries, like this solar-powered car.

(Blass et al., 2013) [21-23]

例 7 共有两个大的活动。第一个活动是 Think and Discuss（思考并讨论）。这个活动要求学生思考并讨论两个问题。第一，你知道哪些著名的发明家，他们分别发明了什么？第二，你现在正在使用的发明有哪些？这两个问题都是启发性的问题。第二个活动是 Exploring the Theme（主题探究），学生需要阅读有关著名发明家以及他们的伟大发明的阅读材料（"What's the World's Greatest Invention?"），然后讨论并回答三个问题。第一，你是否同意材料中列出的最重要的发明？你能不能再补充一些重大发明？第二，根据你的判断，哪些发明给我们的日常生活带来的影响最大？第三，哪些发明拯救的生命最多？这些发明是如何拯救生命的？

以上两个活动都是思考类活动。学生需要根据自己已有的知识、经验以及现实生活的有关情况来思考和讨论这些问题。这些问题没有现成的或固定的答案。学生在讨论过程中还可能有不同意见，甚至可能产生争论。

关于如何将英语教学与思维训练紧密结合起来的问题，本书第五章还有更详细的讨论。

五、把语言与文化紧密结合起来

语言与文化有着千丝万缕的联系。学习英语就不可避免地要涉及与英语和英语国家密切相关的文化，甚至其他非英语国家的文化。作为中国的英语学习者，我们还要熟悉中外文化的异同。《普通高中英语课程标准（2017 年版）》指出，进入高中后将进一步扩大对世界各国文化知识学习的范围，同时要进一步学习中国文化知识的一些英文表述。教师在中外文化知识的教学中，应基于语篇所承载的文化知识开展教学，重视引导学生挖掘其意义与内涵，力求在语境中学习、在语言练习和运用的各种活动中学习，包括在信息化环境下的学习，引导学生通过感知、比较、分析和鉴赏，加深对文化异同的理解，提高对文化差异的敏感度以及处理文化差异的灵活性，提升文化自信并进一步增强国家意识。由此可见，培养学生的文化意识，不能仅仅在教学内容中添加一些文化背景知识，而是要将文化知识的学习和文化意识的培养渗透到大多数英语教学活动之中。简而言之，英语教学应使学生学语言的同时学世界文化；学生不仅要学习文化知识、培养文化意识，还要形成文化鉴别能力、文化认同感和具有文化价值的行为取向。下面我们结合几个例子做进一步的讨论。

例 8

Look and match. Then work in pairs and tell each other what you know about the people or things in the pictures.

1	It's in India.	d	2	They're in Egypt.	
3	It's in the USA.		4	They're from Canada.	
5	It's from Japan.				

（*Unlock*，Basic Skills，Unit 4，Cambridge University Press）

例8是一个涉及外国文化知识的活动，要求学生把a、b、c、d、e五幅图片同与之相关的国家进行匹配，然后学生两人一组分享他们关于图片中的人或事件的知识。有些知识可能是学生熟悉的，有些知识学生可能不一定熟悉。正是在这样的分享、交流过程中，学生可以进一步了解外国文化以及这些文化背后的历史背景和现实意义。

例9

LISTENING

1 Write the words under the photos. Which country do you associate with these things?

bowing | sushi | underground | kimono | chopsticks

______ ______ ______

2 **SPEAKING** What other things do you associate with this country? Compare your ideas.

3 2.04 Listen to a speaker describing her trip to Japan to some students. Which of the things in the photos does she mention?

4 2.04 Listen again. Mark the sentences T(true) or F(false).

According to the speaker,...

① many European people think the Japanese are unfriendly. □
② Japanese people are too polite. □
③ buses in England usually arrive on time. □
④ she usually eats with a knife and fork at home. □
⑤ she still doesn't know how to use chopsticks. □
⑥ you need an open mind when you go abroad. □
⑦ everyone in a country is the same. □

5 Think of two more questions about Japan. What do you think the speaker might say?

（Puchta et al., 2016b）

例9是一个听力训练教学板块，共有五个活动，每一个活动都紧紧围绕文化内容展开。第一个活动是听前的准备活动，要求学生根据图片的内容，把bowing、sushi、underground、kimono、chopsticks等五个单词分别填写在横线上。同时提问学生：这些图片与哪个国家有关系？第二个活动是说的活动，要求学生说一说他们知道的与这个国家（做完第一活动之后就知道这个国家是日本）有关的其他知识。第三个活动是听的活动，要求学生听一段有关一次日本旅行经历的录音，学生一边听录音一边判断在录音中提到了图片中的哪些事情。第四个活动要求学生再一次听录音并判断句子的真伪。第五个活动要求学生提出关于日本的两个问题，同时想象一下录音中的讲话人会如何回答这些问题。

这个听力训练板块在设计上好像没有什么新鲜之处。但是，仔细观察就能发现，这个板块的设计在很多方面值得我们借鉴。其最大的特点是把文化知识的学习与语言知识和听说技能的训练有机地融合在一起。比如，第一个活动要求学生把五个英语单词与图片进行匹配。在这五个单词中，有的是与文化直接关联的词汇，比如 sushi（寿司）和 kimono（和服），其他几个单词都是普通词汇。值得注意的是，bowing（鞠躬）这个单词虽是一般的动词，但也与日本文化有关联。所以，这几个单词的学习既是语言知识的学习，也是文化知识的学习。再比如，这个听力训练板块既有听的活动，也有说的活动，还有讨论活动。这样就把文化知识的学习与听、说等语言技能的训练紧密结合起来。

总之，核心素养背景下英语课程的目标不应局限于学会英语，还应使学生通过学习英语来认知自我、认识世界、增长知识和智慧、学会思考；英语课程内容不应局限于语言知识和语言技能，还应包括广义的知识、经验、智慧；英语教学的过程不应局限于语言知识的识记和语言技能训练，还应包括观察、思考、分析、判断、评价等活动。

第二节 基于主题意义探究的英语课堂教学

《普通高中英语课程标准（2017年版）》将主题语境列为英语课程内容的六大要素之一，且为第一要素。《普通高中英语课程标准（2017年版）》指出：主题为语言学习提供主题范围或主题语境。学生对主题意义的探究应是学生学习语言的最重要内容，直接影响学生对语篇理解的程度、思维发展的水平和语言学习的成效。主题语境不仅规约着语言知识和文化知识的学习范畴，还为语言学习提供意义语境，同时渗透情感、态度和价值观。英语课程应该把对主题意义的探究视为教与学的核心任务，并以此整合学习内容，引领学生语言能力、思维品质、文化意识和学习能力的融合发展。教师要创设与主题意义密切相关的语境，充分挖掘特定主题所承载的文化信息和发展学生思维品质的关键点；基于对主题意义的探究，以解决问题为目的，整合语言知识和语言技能的学习与发展；鼓励学生学习和运用语言，开展对语言、意义和文化内涵的探究，特别是通过对不同观点的讨论，提高学生的鉴别和评判能力。

一、为什么要倡导基于主题意义探究的英语教学

语言是由词汇按一定的语法所构成的复杂的符号系统，它包括语音系统、词汇系统和语法系统。语言是人类所特有的交际工具。但是，在现实生活中，我们接触的语言并不是这些语音系统、词汇系统和语法系统，也不是这些系统的子系统，而是活生生的语言实例，即各式各样、长短不一的语篇。较短的语篇可以是一句话甚至一个单词，而较长的语篇可以是一本书甚至几本书。也就是说，语言离不开语篇，语言是以语篇形式存在的。

学习语言离不开语篇。大家都知道，学习语言不能孤立地学习字母、发音、单词、句子、语法等。因为孤立的字母、发音、单词、句子本身往往没有意义。只有将字母、发音、单词、句子等语言构成要素置于语篇之中，它们才有意义，才是真实的语言。因此，语言学习者直接面对

的应该是语篇，包括书面语篇和口头语篇。

语篇离不开内容。语篇不是语言文字或声音的简单堆砌，语篇必须有内容和意义。如果把一组无关联的句子或段落堆砌在一起，即使每个句子和每个段落都有一定的意义，但这些堆砌在一起的句子或段落并不能构成真正的语篇，因为它们没有内容。只有那些有内容的文段才是语篇。

语篇的内容离不开主题和语境。语篇是现实生活中为了实现某种交际目的而产出的语言。交际通常发生在一定的情景之中，而且有特定的目的。交际的情景就是语境，交际的目的就是语篇的主题。语言学习就是通过在语境中学习有主题意义的语篇来实现的。

那么语篇究竟是什么呢？只有具有特定内容和意义的语篇才是真正的语篇。例如，以下文字就不是真正意义的语篇（Enkvist，1978）：

I bought a Ford. A car in which President Wilson rode down the Champs Elysees was black. Black English has been widely discussed. The discussion between the presidents ended last week. A week has seven days. Every day I feed my cat. The cat is on the mat. “Mat” has three letters.

基于主题意义探究的英语教学，有利于将内容与语言学习结合起来。在主题探究的英语课堂中，学生的注意力主要集中在语篇主题，而不是语言形式上。这种教学的优势有以下几方面：

（1）探究所学主题内容是学生学习的主要兴趣点和动力来源，这有助于提高学生的学习积极性和课堂参与程度。

（2）语言不是学习的直接对象，而是学生所学主题内容的媒介或工具。有主题内容的语篇可以在一定程度上减少单纯学习语言而产生的枯燥感。

（3）为了深入探究主题内容，学生需要对语篇的内容有更准确、更深刻的把握。这就要求学生对语篇所用的语言有更准确的理解，而不是停留在表层的理解。

（4）在基于主题意义的英语教学中，由于学生学习的语篇和参与的活动都围绕一个主题开展，因此与主题相关的语言现象（如词汇）就会共现（同时出现），而且可能有更大的复现率（重复出现），这对语言学习是十分有利的。

（5）在基于主题意义的英语教学中，学生不仅能学习语言，还能学习其他方面的知识、经验，又能启迪智慧，对周围世界能有更深入的理解，同时也能在情感、态度和价值观等方面有所收获。

《普通高中英语课程标准（2017年版）》倡导的教学理念是，英语课堂教学要以主题意义统揽教学内容和教学活动，并指向基于核心素养的教学目标。但是，在实际教学中，很多教师不善于根据主题意义设计和实施教学。教学目标、主题、内容和活动之间不能做到协调统一。

目前，在教学中比较普遍的问题主要有以下几个方面：

（1）过于关注语言知识的学习和语言技能的训练，对语篇的主题意义不够重视。一些英语教师单纯地把教材中的语篇视为语言知识点的载体或语言技能训练的材料，对语篇的内容和主题意义不够重视。课堂教学环节主要围绕语言知识的学习和语言技能的训练展开。

（2）对语篇的主题意义把握得不够准确。有些教师能够关注语篇的内容和主题意义，但是由于对语篇的研读不够深入，对语篇的主题意义把握得不够准确。

（3）主题意义探究得不够深入。有些教师在引导学生探究主题意义时，只停留在表层问题，未涉及深层问题。比如在探讨保护野生动物这一主题时，主题意义的探究主要局限于哪些动物正濒临绝种、哪些动物遭到非法捕猎、应该如何保护野生动物等，而对于为什么要保护野生动物等深层问题却很少提及。

（4）以教师为主导，学生参与程度不够。在一些课堂上，主要是教师向学生指出主题意义，阐释主题意义，学生被动地接受。学生不能结合自身的经验、知识和认知来探究主题意义。

二、什么是基于主题意义探究的英语教学

围绕主题开展课堂教学并不是一个全新的概念，也不是英语课堂教学独有的。语文、数学、历史、体育等学科都可以采用主题式教学。主题教学的理念最早是教育学家提出的一种教学改革思路，其源头可以溯源至20世纪50年代美国兴起的主题课程教学模式（thematic instruction

或 theme-based instruction）。主题式教学是指在建构主义学习理论和多元智能理论的指导下，通过跨学科领域的主题探究与活动来发挥学生的主体建构性和主观能动性，从而实现学生全面发展的教学活动方式（李祖祥，2012）。

袁顶国、朱德全（2006）认为，主题式教学设计，是以主题为中轴，围绕教学主题而展开的，在系统论、学习理论与教学论指导下，以教学主题为枢纽，在系统内诸要素之间彼此联系、相互作用与协调运行中，驱动师生“双适应双发展”以达成教学主体心理结构的完善与自我实现的整体性设计。在主题式教学中，课堂教学的中轴得以真实突现，以真实情境表达教学主题，以教学主题表达教学目标和具体教学要求，以教学目标和具体教学要求去刺激和满足学生的认知和非认知发展需求。通俗地讲，主题式教学的基本思路是：在真实情境中围绕主题开展教学；根据主题设计教学目标和具体教学要求；根据教学目标和教学要求设计教学活动，帮助学生实现认知和非认知发展目标。

主题式教学设计的基本设计单位是主题，教师和学生围绕教学主题的内在逻辑而展开交互作用。教学主题应当是具有拓展性与研究性的课题，或是能引发师生共同关注的话题。主题式教学倡导者认为，客观现实与生活世界是间接知识的根源，学生学习必须遵循从感性认识到理性提升的学习规律。因此，主题式教学强调理论知识与现实生活或真实世界的联系，关注抽象的间接知识与学生的生活世界的紧密联系，使间接经验的学习由直接经验做支撑（袁顶国 等，2006）。

主题式教学理念提出来以后，很快就被引入各学科的教学之中。近些年来，国内已经有很多大学和中小学英语教师尝试了基于主题探究的英语教学实践。应惠兰、何莲珍、周颂波（1998）在20世纪末就在浙江大学探索了主题式教学模式的理论与实践。基于该模式的课堂教学从不同侧面围绕学生感兴趣且能引起思考的共同主题，以便学生有机会接触到该主题不同层次丰富的语言现象和语料，并及时消化和积累这些语料，参与活动，表达自己的观点。每一单元的开始都安排准备活动，引导学生讨论与该单元主题有关的一般性问题，以便将学生头脑中的相关知识调动出来，使学生将已有知识和即将接触的新知识自然地联系起来，以激起他们对主题的兴趣，调动他们的积极性。之后，让学生在规定的时间里完成一篇同一主题的阅读材料，然后，教师组织学生讨论并回答相应的阅读理解问题。同时，要求学生自主完成两到三篇同一主题的阅读文章，围绕同一主题积累词汇和语言素材。此外，还可根据有关主题安排各种形式的语言实践活动，包括辩论、演讲、小组讨论、模拟对话、表演短剧和写作文等。这类活动的内容仍然是围绕着该单元的主题。

主题式教学既可以是英语课程的整体设计，也可以针对具体一门课程或一个学习领域。黄慧（2013）介绍了主题式阅读教学模式的教学改革实践。该模式需要提前确定主题，然后收集与主题相关的信息，通过课堂师生互动对所探究的主题进行问题质疑、观点交流、信息互补等语言运用活动。比如，在一两堂课内，所有教学内容的编排设计和操作都是围绕着一个单元主题展开，教师围绕这一主题设计学生熟悉且符合生活实际的教学任务，创造真实或相对真实的语言环境进行活动。如选择“environment”这个主题，将这个主题当成一部分课堂教学资源，或以主题为基础向外拓展，进而扩大阅读教学中的信息量。当然，这些向外拓展的课程内容最后仍然是要回到这个主题的中心主旨当中。

张强等（2016）报告了高中英语主题读写教学的实践情况：学生通过同一主题下的文本阅读，对这一主题内涵形成一定的体验与感受，并在此基础上通过教师指导进行写作训练。由于在与主题相近的阅读中获取了较多有用的内容知识、修辞和语言输入，学生在写作时能较顺畅地将已有知识结构、生活经历和阅读信息结合起来，建立新的情景模型，完成写作任务。这一实践证明，主题式教学不仅能够丰富学生的知识和经验，也有利于语言知识和语言技能的学习。

主题式英语教学并不是一种完全独立的教学模式或教学方法。很多一线教师经常把主题式教学与其他教学模式或方法结合起来。施嘉平（2002）开展了主题式教学与任务型语言教学相结合的小学英语教学实践。具体做法是围绕教材中的各单元确立主题，将教学要求设置为该阶段的学习任务，在教学中抓住新语言材料的引入、新语言材料的操练以及新语言材料的输出三个环节，使学生逐步提高英语交际能力。

郑晓鸥（2007）研究并尝试了基于 WebQuest 的高中英语主题教学

模式，将基于网络的教学模式与主题式教学模式结合起来。具体做法是围绕特定主题，借助 WebQuest 检索和获取资源，解决那些没有既定答案、有多种解决途径的问题。这里说的特定主题，主要来源于现实生活中的真实任务，使学生能在一个真实事件中运用所学知识解决问题或做出决策。教师不应只关注教材和知识点，还要关注真实生活中的问题。

三、基于主题意义探究的英语教学建议及案例

关于基于主题意义探究的英语教学，笔者提出以下教学建议：

（1）尽量围绕主题和语境设计教学目标。课堂教学目标应该既包括基于主题的教学目标，也包括语言目标。基于主题的教学目标是指学生经过课堂学习在某个主题方面获得新的知识或加深对该主题的理解。比如，某个单元的主题是保护环境，那么可以围绕理解保护环境的重要性、措施和行动来设计主题教学目标。语言目标是语言知识、语言技能方面的目标。值得注意的是，即使是语言目标，也应该力求将其与主题意义或语言表意功能结合起来。比如，在以家规和国法为主题意义的课堂教学中，情态动词 can、should、must、have to 是重点语言知识。但是在设置教学目标时，不能简单地说“掌握情态动词 can、should、must、have to 的用法”，而应该说“能使用 can、should、must、have to 及其否定形式描述法律、规则、权利和义务”。

（2）围绕主题安排教学内容和设计教学活动，通过主题把教学内容和不同教学板块联系起来。在很多英语教师的心目中，教学内容就是语音、词汇、语法等语言知识以及听、说、读、写等语言技能。其实，这是对教学内容的狭义理解。前文已经强调过，语言离不开语篇，语篇离不开内容。这里说的“内容”是指语篇本身的内容，即语篇表达的观点、再现的经验、传递的情感态度和价值观等。英语教学通常要基于口头或书面语篇开展教学活动，而这些口头或书面语篇肯定包含围绕某些主题的内容。这样看来，英语课堂教学的内容就可能包括两个方面：语言内容和主题内容。语言内容就是学生需要学习的语音、词汇、语法等语言知识以及听、说、读、看、写等语言技能；主题内容就是语篇承载的内容。为了提高学生的学习兴趣，使学生能够自始至终地在语境中接触、体验、

感知和学习语言，我们建议围绕主题内容来安排课堂教学内容、设计教学活动，而不是围绕语言内容来设计。现在大多数英语教材都以话题为主线来设计单元教学内容，这为教师围绕主题内容设计教学活动奠定了基础。学生在理解语篇内容、探究语篇主题意义的过程中，体验语言的使用，感知语言的结构，尝试运用所学语言。

（3）将学习内容与学生自身的知识、经验和情感态度结合起来。在过去相当长的时期里，英语教学主要围绕语言内容来开展学习活动。在课堂上学生主要是学习和操练词汇、语法等语言知识，语言输出（运用）环节学生也不是表达真实的交际意义。造成这一现象的主要原因是，教学内容未能与学生自身的知识、经验和情感态度结合起来。基于主题意义探究的英语教学为解决这一问题提供了契机。在基于主题意义探究的课堂上，学生不仅要充分理解语篇的意义（understand the texts），而且要对语篇意义做出反应（respond to the texts），即分析、阐释、评价、判断语篇传递的信息和表达的意义。在此基础上，学生还要创造语篇（create texts），表达自己的思想、经验和情感态度。因此，在基于主题意义探究的课堂上，教师要特别注意将教学内容和教学活动与学生的知识、经验、情感态度结合起来。教师要时刻意识到意义探究的主体是学生，而不是教师；要让学生积极投入主题意义探究的过程之中；要引导和鼓励学生说真话、表达真实思想和分享经验；要让学生感觉到课堂学习不是在学习英语，而是在与同学、老师分享和交流知识、经验和情感态度。

（4）合理安排主题意义探究与聚焦语言知识的学习活动的顺序。我们强调在英语课堂上开展主题意义探究，但并不意味着语言知识的教学不重要。在任何语境下的英语教学都不能忽视语言知识的教学。交际语言教学、任务型语言教学等教学途径都强调理解和表达真实的交际意义，但这些教学途径都重视聚焦语言知识（language focus）的学习活动。过去长期盛行的一种做法是，先学习语言知识，再学习和理解语篇，即先学后用。这样做看似符合逻辑，但如果在学习语篇之前学习语言知识，那么语言知识怎么学习呢？在学习语篇之前教授语言知识肯定会导致脱离语境的学习，其效果往往是事倍功半。因此，我们的建议是，把聚焦语言知识的教学活动安排在语篇学习活动之后。这样，学生在语篇学习过程中接触语言、感知语言、理解语言，为聚焦语言知识的学习奠定基础。另外，在聚焦语言知识的学习活动中，重点是学习目标语言项目（词汇、语法等）在语篇中的意义和用法，而不是教授这些语言项目的所有意义和用法。

我们将结合几个教学案例，进一步讨论基于主题意义探究的课堂教学操作方式。

以下是刘学惠（2017）介绍的一个围绕单元主题的教学设计案例：

译林版初中《英语》八年级下册第 8 单元“Green World”围绕“绿色生活”的话题，为学生提供了丰富的语言材料和活动；在学习运用语言知识和技能的过程中，帮助学生建立环境友好的生活观念和社会责任感，培养热爱和保护美丽大自然的情感态度和保护环境从节水、节电、多走路、少开车等日常生活做起的行动自觉，以及学习参与环保调查和宣传等实践技能。

第一板块 Comic Strip & Welcome to the Unit，给出一个重要信息“World Environment Day is coming”，为全单元设置了交际情境与主题语境；从学生熟悉的话题入手，通过画面介绍 Green Life 的相关内容及词语表达（如 taking shorter showers to save water, riding bicycles to reduce pollution）。

第二板块 Reading，课文“Green Switzerland”是写于世界环境日的一篇博客文章，介绍了瑞士的自然风光和该国的环保措施与成就；设计该板块的目的是进行阅读理解训练和加深对主题的学习。

第三板块 Grammar，学习被动语态的将来时态，在呈现目标语法的基本用法和结构之后，安排了运用所学语法谈论“Environment Week”的活动。

第四板块 Integrated Skills，包括有关绿色生活方式问卷调查的听力材料和文本填空材料。学生在练习听力的同时，学习参与环保行动。此外，还有一项关于绿色生活方式的会话练习，在说的训练中增强“环保从身边事做起”的行为自觉。

第五板块 Task，要求学生完成以“Go Green”为题的演讲稿。先学习 Millie 梳理的关于怎样创建绿色生活的内容要点以及语言表达，以文本填空的方式学习范文，在此基础上产出书面演讲稿。

单元各板块紧紧围绕“绿色生活”主题，从贴近时代、贴近学生日常生活的话题入手，进入新知（内容和语言）学习；通过丰富多样的文本与活动，反复再现主题内容和语言表达，有机整合语言学习和主题学习，以达到促进学生建立绿色生活的价值观和行为方式的主题学习目标。

在这个案例中，教学设计紧紧围绕“绿色生活”这个主题，各个教学环节涉及的内容有环境友好的生活观念和社会责任感、热爱和保护大自然的情感态度、保护环境的自觉行动等。学生通过听、读、写、说等方式来学习、讨论以上内容，并在此过程中学习和运用相关语言知识（如与环境有关的词汇、被动语态的将来时）和语言技能。

在基于主题意义探究的课堂上，教师要特别注意引导和指导学生，不要把自己对主题意义的理解强加给学生，而是通过设问、启发等方式引导学生探究主题意义。因此，具有启发性的高质量设问成为探究主题意义的关键。下面来看一位高中英语教师的课堂教学实例（熊丽萍，2018）。

“Advice from Granddad” 教学案例

Step 1: Lead-in

1. 教师呈现两张图片（中学生吸烟的图片），让学生描述图中现象，并思考以下问题：Who are they? What are they doing?

2. 教师追问学生：Why do you think some adolescents start smoking? What do you think of the phenomenon?

3. 教师让学生分组讨论以下问题：What advice would you give if one of your family members became addicted to smoking and found it difficult to give up?

Step 2: Pre-reading

1. 教师在黑板上呈现课文标题“Advice from Granddad”，并提出以下问题，引导学生根据标题预测文中涉及的人物、文章内容、写作目的等。

What does the title mean?

What are the key words of the title?

What will be talked about according to these two words?

2. 教师把学生预测的内容以思维导图的形式呈现在黑板上。

Step 3: While-reading

1. Skimming & Scanning

（1）为了帮助学生了解文章的文体特点和写作意图，教师让学生快速略读文章，并回答下列问题：What is the writing style like? Who gave the advice? Who was given the advice? What is the writing purpose?

（2）教师让学生观察文章的段落分布，并思考以下问题：How many paragraphs are there in this passage?

（3）教师引导学生寻找每一段的主题句，并找出支撑主题句的相关句子和关键词。

（4）教师指导学生根据每一段的主题句概括段落大意。

2. Intensive Reading & Higher-order Thinking

（1）在学生了解了作者的写作意图和写作内容的基础上，教师提问：Will his grandson make up his mind to give up smoking after reading this letter？由此引发学生对建议信是否能成功劝说孙子戒烟提出质疑，并就此问题发表自己的见解。

（2）教师追问学生下列问题：Do you think Granddad's suggestions are useful for persuading his grandson to stop smoking?

（3）学生继续精读文章，紧扣写作意图思考并回答有关文章内容、结构和语言的问题（具体问题略）。

Step 4: Sharing, Discussing & Critical Thinking

1. 学生分为六人小组，在小组内分享彼此的思考和回答。

2. 学生讨论之前教师提出的质疑：Will his grandson make up his mind to give up smoking after reading this letter? Why? If not, please give your reasons and suggestions. 。通过讨论整合组内的不同观点，并得出结论。

3. 各小组展示讨论结果。

全班七个小组中，有六个小组认为这封建议信的劝说效果不大，有很多内容需要修改或完善。下面是学生讨论的部分结果：

（1）对于还处在青少年时期的孙子来说，吸烟上瘾有可能是跟风、装酷、交友等因素，爷爷没有从孙子所处的年龄和环境考虑具体原因。

（2）吸烟会影响未来的生育，这一点危害对于一个十几岁中学男生而言，实际上并不具有太大的说服力，应考虑删除，可改为其他适合学生身份的危害，如影响身高、浪费钱等。

（3）文章的第二段提到“Your mother tells me that you started smoking some time ago...”，爷爷这样写是不明智的，这可能会引起孙子的反感，还有可能激

发孙子和妈妈之间的矛盾，导致母子关系疏远，不利于他继续读这封信。

（4）建议信的首段应直接、简单陈述写信的原因，开门见山，但教材文本中第一段介绍的是健康生活的重要性，第二段才写出原因，因而可以考虑删除第一段。第四段谈论的吸烟危害和第五段爷爷给出的戒烟建议之间存在因果关系，但文章没有表现出这种逻辑关系。

Step 5: Writing & Creative Thinking

Task 1: Please improve the article *Advice from Granddad* and make it more persuasive.

Task 2: Read this letter and imagine you are the adviser who deals with students' problems. Write a letter to give Xiaolei some helpful advice.

以上案例中的很多教学环节都是大家熟悉的，但是与众不同的是，授课教师提出了一个极具思维含量的问题："Will his grandson make up his mind to give up smoking after reading this letter? Why?"。要回答这个问题，学生不仅要对课文内容有很好的把握（完全了解课文），而且还要结合自己的经验和认知来判断孙子阅读这封信的感受以及阅读这封信可能产生的结果。令人欣慰的是，学生讨论的结果不但出乎授课教师的意料，而且言之有理。笔者在调研中发现，很多高中英语教师都教授过这篇课文，但很少有教师提出类似的问题。

以下是笔者根据 Forsyth（2000）改编的一个教学案例：

Other Countries, Other Laws

1. According to the law, how old do you have to be to do the following things in China? Work in pairs and share your knowledge.

□ go to school □ marry □ pay for public transportation

□ drink alcohol □ drive □ buy cigarettes

□ leave school □ vote □ work for money

□ buy a pet □ be put into prison □ join the army

设计意图：学生两人一组，分享他们有关法定年龄的已有知识，引入本单元的主题，同时引起学生对法律主题的关注。其中，有些项目在中国暂时无具体的法律规定，如饮酒、买宠物。

2. Do you know how old you have to be to do the things in Exercise 1

in the UK? Read the text below and try to find out.

At what age can I...?			
5	You have to go to school!	16	You can leave school.
	You have to pay to go on trains, buses, etc.		You can marry but you must have your parents' consent.
	You can drink alcohol in private—for example at home.		A boy can join the armed forces with his parents' consent.
10	You can be convicted of a criminal offence.		You can buy cigarettes.
			You can have beer, cider, or wine with a meal in a restaurant.
12	You can buy a pet.		
13	You can get a part-time job, but you can't work for more than two hours on a school day or on a Sunday.	17	You can have a driving licence.
			You can be put into prison.
		18	You can vote in elections.
14	You can go into a pub but you can't buy or drink alcohol there.		You can buy alcohol in a pub.
		21	You can become a Member of Parliament.

设计意图：在完成活动 1 的基础上，学生阅读英国关于在什么年龄可以做什么事情的法律规定。由于不同国家法律有很大差异，学生对英国关于年龄的法律应该感兴趣，特别是一些中国暂无法律规定的事情，如饮酒、买宠物。这个活动的另外一个意图是让学生在阅读过程中感知情态动词（can、can't、have to、must）的表意功能。

3. Based on what you have learned in Exercises 1 and 2, in terms of the age requirements, what are the main differences between China and the UK? Do you think any of these age requirements are unnecessary or unfair?

设计意图：在学习活动 1 和活动 2 的基础上，学生比较中国和英国在法定年龄方面的异同，讨论这些法律是否必要、是否公平，旨在培养学生的批判性思维能力。同时，学生在讨论过程中可能使用 can、can't、have to、must 等情态动词。

4. Suppose China is going to make or change laws on the following things, what age requirements do you think are fair?

—Buying and drinking alcohol

—Buying cigarettes

—Staying in a hotel

—Retiring

—Owning a mobile phone

—Leaving high school

—Seating in the front of the car

设计意图：此活动的目的是让学生在完成前面活动的基础上独立思考并表达观点和态度。这是一种基于问题情境的学习活动，学生既需要用到相关语言知识（如情态动词），也需要使用已有的或本节课新学的法律知识。

5. Laws you may not know. Read the following laws in other parts of the world. Do you know why these laws are made? Do you think they are fair laws? Do you think they are true laws?

—Milan requires that citizens must smile at all times, or face a fine.

—In Canada, by law, one out of every five songs on the radio must be sung by a Canadian.

—Flushing the toilet after 10pm is illegal in Switzerland.

—In Saudi Arabia, there is no minimum age for marriage.

—In Thailand it is illegal to step on money.

—In Singapore, selling non-medical chewing gum or chewing normal gum is a fine of $1000.

—In Iowa, it is illegal for a man with a mustache to kiss a woman in public.

—In Samoa it is illegal to forget your wife's birthday.

设计意图：此活动旨在进一步扩大学生的法律意识和法律知识的视野。这里列出的法律都是比较奇葩的法律，既有利于调动学生的学习积极性，也有利于启发学生进行思考。

6. Reading. Read the text below and try to answer the question: Who should own the copyright of the monkey selfie?

Monkey Selfie

A selfie taken by a wild monkey is at the center of a heated copyright dispute between a photographer and the website Wikimedia Commons. The central question is: Can a photographer who owns the camera claim ownership of photos actually taken by an animal?

British wildlife photographer David Slater, whose camera was used by an Indonesian monkey to take its selfie, has said he owns the copyright. However, Andrew Bridges, an expert in copyright law, said Slater likely isn't the copyright owner because he didn't have sufficient artistic control over the photo.

Copyright requires original creative expression of a work. This is true not only in the U.S., but also in Great Britain and Indonesia. Since Slater didn't have creative control over the monkey and didn't actually frame the images, he legally might not be considered to have been involved in the creative process.

The image in question is one of the most popular images on Wikimedia Commons. Slater was on the Indonesian island of Sulawesi taking photographs. A curious monkey approached Slater's cameras and began using them to take a variety of pictures, including one of itself. "They were quite mischievous, jumping all over my equipment and it looked like they were already posing for the camera when one hit the button," Slater said.

It's such a funny picture that it became a viral hit on the Internet and eventually found its way to Wikimedia Commons, where people were free to download it. However, Slater said Wikimedia was hurting him financially, and he demanded the website remove the image because he was the copyright owner.

Wikimedia has refused because, it claims, Slater didn't take the image and, therefore, he isn't the copyright owner. The monkey can't hold copyright, so the image should belong to the public.

Some wild life protectors say they can claim the copyright on behalf of the animals.

设计意图：这篇文章报道的是曾经发生的一个真实事件，而且涉及法律暂无明确规定的事情。关于猴子自拍照的所有权究竟属于谁，文章直至结尾也没有给出明确的答案。这就为学生解决问题创造了空间。学生首先通过阅读文章了解主要事实，然后根据自己的知识、经验、认知以及情感态度做出自己的判断，同时也鼓励学生查询有关国家的法律。（其实，美国法律有一条具体规定：谁按的照相机快门，照片的所有权就属于谁。）

本案例的教学过程中可以穿插 2 ～ 3 个聚焦语言知识，如语法和词汇的教学环节。为节省篇幅，笔者有意略去。

第三节　如何处理教学理想与现实需要的关系

本章前两节探讨了核心素养背景下的英语课堂教学，强调基于核心素养的课堂教学的重要性，提出了一些教学建议。可能会有一线教师提出这样的质疑：强调素养、强调能力的英语课堂教学是理想的教学，教师愿意这样做，但现实可能不允许他们这样做。其实，这也是一个老话题，即“当教学理想遭遇现实”的问题。

根据笔者的理解，“当教学理想遭遇现实”这个话题的核心意思是，由于现实中的一些复杂因素，我们不能按照我们自认为理想的方式和方法进行课堂教学。这些复杂因素中影响最大的，恐怕就是考试，特别是关系到千万中学生的中考和高考。为什么考试会迫使一些教师放弃自认为理想的教学方法呢？

在继续讨论“当教学理想遭遇现实”这个话题之前，先说明两点。第一，任何考试都有不足的地方。设计得再科学、再合理的考试，也很难做到百分之百地实现考试的根本目的，考试的结果也很难做到百分之百的可信和可靠。素质教育特别强调培养学生的综合素质和素养，强调培养创新思维能力，强调积极向上的情感态度和价值观。显然，以纸笔考试为主的评价方式很难客观、准确地反映这些素养和能力。也就是说，考试不可能考查教育教学的全部结果，只能考查可以考查的内容，而考试可以考查的内容是有限的。另外，由于一些客观条件的限制，我们现在的中考和高考尚不能充分利用一些在技术上已经较成熟的更加科学的考试形式和手段。可见，目前的考试在内容和形式上还有很大的改进空间。第二，考试是检测学生知识发展程度、反映教学成果的重要途径之一，具有其不可替代的教学价值和社会需求。

那么，面对还需改进但又如此重要的考试，我们该怎么办？有部分教师认为，考试的内容主要是知识的掌握情况，所以课堂教学以讲解、记忆知识为主；考试的形式是做题，所以题海战术成为首选；有些方面的内容在考试中没有体现，所以课堂上不教。比如，很多地区英语考试不考口语，所以不进行口语教学；有的地区不考听力，所以也不做听力训练。

在考试制度与内容等不断革新的过程中，教师们都认真地思考考试的意义了吗？真的知道考试考了什么吗？真的知道考试是怎么考的吗？

就笔者所了解的情况，目前大多数地区的中考和高考英语试题包括听力、语言知识运用、阅读、写作（书面表达）等几个部分，少数地区还有口语考试。从表面上看，这些部分的试题分别考查了不同的语言知识和技能。其实，语言知识和语言技能之间的关系是非常复杂的。听、说、读、写等涉及的知识和技能是相互交叉的，其中任何一项都涉及不同领域的知识和技能。所以，就大部分英语试题而言，很难确切地说只考了什么或没考什么。根据笔者的观察，目前的考试中，以能力立意的试题越来越多，所占比重越来越大。但是，相当多的教师仍然认为考试主要是考查知识的记忆。据《基础教育课程》2010 年第 9 期刊登的《让数据说话：校长眼中的“新课程高考”》一文报告，有 55.5% 的高中校长认为新课程高考试题仍然以考查需要大量记忆和反复训练的知识技能为主。笔者与一些教师讨论中高考试题时发现，不少教师并不清楚试题究竟考查了哪些方面的知识或技能。

目前，教学中大量使用的练习题和模拟题在形式上与真正的试题几乎完全一致。但是，根据笔者了解到的情况，这些练习题和模拟题与真正的试题是形似神不似。以考试形式最简单的单项选择题为例：这些试题往往有一个题干，四个选项。但是，看似简单的选择题，在设计上其实是非常复杂的。如果命题人员不经过专门的教育测量学和语言测试学的训练，很难设计出科学、合理的单项选择题。很多练习题和模拟题都是非专业人士设计的，存在很多缺陷。很多教师在课堂上讲解这些题目时经常因为存在多个可能的答案或者根本没有正确答案而叫苦不堪。虽然真正的试题有时也有缺陷，但总体而言是经过专家反复推敲的，对于学生知识的考核有其专业上的设计。所以，大量地做模拟题并没有多大的作用。“怎么考就怎么教”充其量是做出了“依葫芦画瓢”的动作，但未必掌握动作的真正要领。

实施新课程以来，中考和高考的改革力度越来越大。考试内容和形式的合理性正在逐步提高。以英语考试为例，以考查能力为主的试题占绝大多数。如果学生把功夫花在实际的语言学习及语言技能的培养上，当他们的实际水平提高之后，也不会再“惧怕”考试。如果把大量的时间花在做练习题上，效果反而非常有限。笔者与一线教师座谈时发现，不少教师认为大量地讲解知识、大量地做模拟练习能够提高考试成绩。但是，没有证据表明这样做确实能提高考试成绩。

笔者认为，现在很多教师之所以以知识讲解为“现实”的选择，源于我们没有掌握更先进的“技术”，或者说更先进的对付考试的“武器”，来帮助学生提高考试成绩。所以，我们应该反思导致考试成绩不理想的各种可能的原因，不排除试题过难和试题设计存在不合理之处，但关键还是我们平时的教学。如果花大量的时间做题、讲题，那么我们就要问：这样做是否真的有利于提高学生的考试成绩？还有没有其他可能的办法更有利于提高考试成绩？现在的高考试题已经发生了很大的变化，考查的重点是学生实际运用语言的能力，而不是语言知识。所以，只有按教学规律办事，着重对学生进行能力训练，才能真正提高升学率。

综上所述，固然考试尚且不尽如人意，但“理想”败于“现实”的根本原因也不能完全归咎于考试。

其实，关于“理想遭遇现实”的话题还有很多值得讨论的问题。比如，有的“理想”并不符合现实的需要。对于这些“理想”，放弃也无妨。有时理想遭遇现实而挫败，主要是受现实中的客观事实影响，受教学理念与方式影响较小。比如，由于生源不同导致一个班级学生之间的差异过大，在这种情况下，教师难以在教学中完全满足每个学生的需求，使每个学生都能达到较高的能力水平。此外，理想与现实本来就是两个范畴，教师们不应该因为理想与现实存在一定的冲突就放弃理想。在近几年的新课程调研中，笔者发现，有一批教师能在教学中运用先进的教学理念，并收到良好的教学效果。他们之所以能够坚持理想，是因为他们有坚持理想的勇气和毅力，但可能更重要的是，他们有坚持理想所需要的智慧。如果放弃传统知识讲解而又没有其他更加智慧的战术，那肯定是不能成功的。

注：本章第二节的部分内容曾以《基于主题意义探究的英语教学理念与实践》为题发表于《中小学外语教学》2018 年第 10 期。

第五章 通过英语教学促进学生思维能力的发展

实施英语课程改革以来，关于如何通过英语课程促进学生思维能力发展的问题受到越来越多的关注。不管是关于英语课程目标、理念和价值的讨论，还是关于英语教育教学实践的探索，都强调英语课程应该且可以促进学生思维能力的进一步发展（魏永红，2002；何永欣，2003；韩宝成 等，2008；程晓堂 等，2012；龚亚夫，2012；刘道义，2018）。《普通高中英语课程标准（2017年版）》更是将思维品质明确列为英语学科学生核心素养的组成部分之一。但是，要真正实现这一课程目标并非易事。语言与思维的关系十分复杂。对于以英语为外语的中国学生来说，母语能力、英语能力、母语思维能力、英语思维能力之间的关系更是错综复杂，很难说得清楚（蒋楠，2004）。因此，关于英语学习究竟能够促进哪些思维能力的发展以及如何通过英语学习促进学生思维能力的发展，学界和一线教师都不是十分清楚。另外，思维能力很难通过具体测量方式来检测。评价、考试中很难明确思维能力的考查内容和方式。由于以上原因，通过英语学习促进学生思维能力发展这一课程目标往往不能有效地得到落实。本章结合英语语言的特点、英语学习过程的特点以及英语课堂教学实例，探讨英语学习究竟可以在哪些方面促进学生思维能力的发展以及如何通过英语教学实现这一目标。

第一节　英语学习与思维能力发展的关系

思维能力是人才应具备的基本能力之一，是指人通过大脑进行分析、综合、判断、推理而对事物进行全面深入认识的能力。思维能力包括质疑能力、分析与综合能力以及想象能力等（宋书文，1989）。青少年阶段是思维能力发展的重要阶段。基础教育阶段的所有课程都应有利于促进学生思维能力的发展。英语学科也不例外。语言与思维的关系十分密切。学习母语以外的语言对促进大脑和心智的发展具有重要作用（程晓堂 等，2011）。鉴于此，对中国学生来说，通过学习英语促进思维能力的进一步发展就显得尤其重要。

关于英语学习与思维能力发展的讨论并不少见。一些研究者从理论上探讨了通过英语学习促进学生思维能力发展的必要性和可能性（韩宝成，2010；程晓堂 等，2011；李华，2013；刘道义，2018）。一些一线英语教师则结合教学实践探讨了如何在英语课堂教学中发展学生的思维能力（李爱云，2017；张泰刚，2014）。有的研究着重探讨如何在英语阅读、写作教学中发展学生的思维能力，特别是批判性思维能力。有的研究则探讨如何在英语演讲、辩论等语言实践活动中发展学生的思维能力。有的研究则介绍了如何在课堂讨论活动、游戏活动中培养学生的思维能力。这些讨论主要是从英语学习的内容（如针对阅读材料内容的分析和讨论）、学习活动的方式（如小组讨论、辩论）、课堂教学方法（如提问类型与方法）的角度来考察如何在英语教学中促进学生思维能力的发展。还有些研究则从中外文化差异的视角，探讨如何在英语教学中对比中外文化差异、英汉语言差异来培养思维能力。应该承认，这些研究和讨论都是有价值的。但是，现有的理论研究和教学实践研究在探讨如何促进学生思维能力发展时，对英语学科的特点体现得不够充分。比如，很多文章提到，在课堂教学中设计有启发性的问题可以培养学生的思维能力。这种建议也适合其他学科。

我们需要结合英语语言和英语学习本身的特点来考察如何在英语教

学中促进学生思维能力的发展。有些学者和一线教师已经开展了这方面的探讨。比如，张泰刚（2014）探讨了如何利用英语词汇的意义差异和联系来培养学生的比较能力和分析能力，利用词汇代表的客观事物的现实形象来培养学生的联想能力，利用词汇的抽象性来培养学生的理解能力和概括能力。遗憾的是，像这样的探讨目前还很不充分。笔者拟就此问题展开进一步的讨论。

我们可以从三个角度来理解中小学生学习英语与发展思维能力的关系。第一个角度是从英语本身的特点来看学习英语与发展思维能力的关系。大家都知道，每一种语言都有不同的词语、表达法和语法结构。这些不同的语言形式在一定程度上代表不同的概念和思维方式。非英语母语者学习英语以后，无形之中就会形成英语语言所代表或体现的思维方式，其中的一些思维方式可能与学习者原有的思维方式存在差异。这样，学习英语之后思维方式就更加丰富了。

第二个角度是从英语学习过程的特点来看学习英语与发展思维能力的关系。从认知过程来看，语言学习与其他知识或技能的学习有很大的差异。比如，学习语言时，学习者既要通过视觉或听觉获取外部信息（听到的声音、看到的文字和符号以及手势或口型），又要及时处理从外部获取的信息并将其与记忆中储存的信息进行比对，以便理解信息，进而在理解信息的基础上形成可理解的、符合逻辑的意义。到目前为止，学界尚未完全破解语言学习的过程，足以说明这一过程的复杂性。而学习母语以外的语言则更为复杂。体验和完成复杂的认知过程无疑是促进认知能力发展的重要途径。因此，学习英语的过程本身也能促进思维能力的发展。

第三个角度是从使用英语的过程来看学习英语与发展思维能力的关系。学习英语的过程也是使用英语的过程；具备一定的英语水平之后，人们可能会在学习、生活和工作中使用英语。显然，如果有足够的使用英语的机会，那么在学习英语的过程中形成的新的思维方式就会得到进一步的强化和自动化。

本节我们以较为通俗的方式探讨了学习英语与发展思维能力的关系。感兴趣的读者可以进一步阅读有关语言与思维的学术论著。

第二节　通过英语学习促进思维能力的发展

各种思维能力的发展并不局限于某些学科的学习，也不局限于某些学习内容和学习活动的学习。同时，每门学科也并不是只发展某些思维能力。但是，不同学科在促进学生思维能力发展方面发挥的作用是有差异的。不同学科可以从不同角度来促进学生思维能力的发展。就英语学科而言，我们要结合英语语言本身的特点和英语学习的过程来考察学生思维能力的发展。根据笔者的经验和观察，英语学习有助于学生进一步发展以下十种思维能力。

一、观察与发现能力

观察与发现能力不仅可以通过观察自然现象来培养，也可以通过观察语言现象并发现其中的规律来培养。

语言学习的特点之一，是学习者需要接触大量的语言现象。这些语言现象虽然不是杂乱无章的，但也是千差万别的。就英语而言，在语音、词汇、语法、语篇等层次都有非常复杂的系统，而每个系统又有很多子系统。每个子系统都含有很多甚至无数的具体语言项目。这些语言项目在具体语境中的使用又可能存在差异。这就是我们所说的语言现象。在英语学习过程中，不能孤立地、一个一个地学习这些语言项目，而应该通过观察这些语言项目的结构及其所表示的意义，找出其中的联系、差异、共有特征或模式（patterns），并在此基础上提炼出语言的规律。如果英语学习者能够长期进行这样的观察和提炼活动，不仅有助于提高英语学习的效果，同时也能提高他们的观察能力和发现能力。比如，一名小学生在阅读英语故事时，发现一个段落里多次出现了 make 和 made 两个词（都表示“做”的意思），就向辅导老师提出疑问：为什么这两个词的拼写不同呢？显然，这名学生在不经意之间观察到了两个词的不同之处。经过辅导老师的简单提示，这名学生基本明白了 make 表示现在通常做的事情，而 made 则往往表示过去发生的事情（当然具体情况并非如此简单）。

需要指出的是，观察英语语言现象与观察自然现象和社会现象有很多不同之处。英语语言的符号往往比较抽象，不同语言形式的差异经常是很细微的，语言形式上的差异与意义上的差异往往也不是一一对应的关系。因此，观察英语语言现象、发现语言的规律，对发展学生的观察与发现能力有着特别的作用。

二、比较与分析能力

语言学习既有感知、体验的过程，也有比较、分析的过程。感知、体验语言可以使语言学习者理解语言使用的环境和语言表达的意义，而比较、分析的过程能够使学生理解语言的具体形式以及语言是如何表达意义的。如果英语学习者能够适时地分析和比较语言现象、语言的结构和用法以及语言表达的意义，他们不仅能提高英语学习的效率，还能提高比较和分析的能力。

语言现象千差万别，但又不是任意的。比如，英语中有很多不同的句子结构。这些句子结构都有各自存在的理据和不同的表意功能。学习英语时，要适当分析这些结构上的差异，了解这些结构的不同表意功能，领悟为什么结构上的差异可能导致表意功能的差异。请看下面的例句：

例 1 Peter often eats apples.

例 2 Apples are often eaten by Peter.

在教授英语被动语态时，一些教师经常请学生把主动语态的句子变为被动语态，如上面的例 1 和例 2。从表面上看，例 2 只是例 1 的被动形式，两句话在意义上没有多大的差异。但是，细读一下我们就能体会二者的差异：例 1 的意思是“彼得经常吃苹果”，而例 2 的意思是“苹果经常被彼得吃”（隐含的意思是“所有的苹果都是彼得吃的”，但我们知道这是不可能的）。那么，为什么 apples 放在宾语的位置与放在主语的位置时所指的对象不一样呢？其实，这种现象很普遍。比如，“小李是中国人”中的“中国人”并不是指所有的中国人，而“中国人很勤劳”中的“中国人”则泛指所有的中国人（或绝大多数中国人）。进一步分析可以得知，如果不带限定词（如 the、some、our）的复数名词放在句首，往往表示这个名词代表的所有的人或事物。

对中小学生来说，比较、分析语言现象，并不是说要死抠语法。这种比较和分析主要是培养学生的英语语言意识，其中包括对语言的敏感性，其间接的结果是培养分析和比较的能力。

三、逻辑思维能力

有些语言项目的结构和表意功能具有任意性，但更多的语言项目及其表意功能不是任意的，而是具有理据的，有的还蕴含着严密的逻辑关系。显然，分析、探究、领悟语言现象背后的理据和逻辑关系有利于促进逻辑思维能力的发展。

在英语中，词与词的搭配、句子成分在句子中的位置、句与句之间的顺序及语义关系也是非常复杂的。这些复杂关系的背后往往都有一定的理据（包括限制条件）。学习这些词语搭配现象、句子成分顺序及其逻辑关系，不能单纯依靠死记硬背，而要分析其背后的理据。这种分析过程就是逻辑思维的过程。比如下面的例子：

例 3　This research includes both qualitative and quantitative methods.

例 3 在语法上好像没有错误，但由于其中的主语（“研究”）、谓语动词（“包括”）和宾语（“方法”）三者之间搭配不当，导致句子缺乏逻辑。可以说“这项研究采用了质性研究方法和量化研究方法”，但不能说“这项研究包括质性研究方法和量化研究方法”。再请看下面从 *Alice's Adventures in the Wonderland* 摘录的一段对话：

例 4

Mad Hatter: Would you like a little more tea?

Alice: Well, I haven't had any yet, so I can't very well take more.

Mad Hatter: Yes. You can always take more than nothing.

在上面的对话中，Mad Hatter 问 Alice 要不要再喝一点儿茶。Alice 回答说：我根本就没有喝，所以不能再喝一点儿（因为再喝的前提是已经喝过了）。这里 Alice 巧妙地利用 more 这个词玩文字游戏，达到幽默的效果。但是，Mad Hatter 接着说“You can always take more than nothing（没有喝也可以再喝一点儿）”。这其中的逻辑是：如果你没有喝，就是 nothing；你再喝一点儿，就是 more than nothing。其实，这里也有一个逻辑思维的问题。通常情况下，只有喝过了，才可以说“再喝一点儿”。也就是说，英文中的 more 这个词不仅仅表示“更多的”，而且暗含“已经有（过）了”的意思。但是，用 more than nothing 则至少可以在形式上表示“虽然之前并没有喝也可以再喝一点儿”的意思。

句子成分在句子中的位置与说话人的思维活动有密切关系。一般情况下，先想到的先说出来，后想到的后说出来。在英汉两种语言中，句子成分在句子中的位置并不完全相同。句子成分位置的灵活性对思维可能有影响。在英语中，时间状语可以在主语和谓语之前（如“Yesterday I went to the cinema.”），也可以置于谓语之后（如“I went to the cinema yesterday.”）。但汉语中时间状语不能置于谓语之后（可以说“我昨天去看电影了”或“昨天我去看电影了”，但不能说“我去看电影了昨天”）。汉语中名词的修饰语置于名词的前面，而英语中名词的修饰语可以前置，也可以后置；有时名词前后都有修饰语。中国学习者学习和使用英语时，能够根据英语句子成分灵活的位置进行思考（比如说出一个名词以后，再添加一个或多个后置修饰语），这显然能够丰富原有的思维方式。虽然这种思维方式不能用于汉语中，但至少使我们的大脑能够这样思考。另外，在英语学习过程中，分析句子成分在句子中的位置以及相互关系也是训练思维的过程。

四、概念建构能力

概念建构能力是思维能力的一个重要方面。而概念建构往往离不开语言，尤其是词语和表达法。每个语言都有它自己特有的概念系统。许多概念只存在于一种语言之中，即表达这些概念的词汇在其他语言中没有对等词。即使两种语言中有对等的词，这些词在语义上也往往不是完全对等的。随着学习者外语水平的提高和外语使用的增加，与外语词汇相联结的语义会重新组合，从而形成新的概念（蒋楠，2004）。所以，在英语学习中，学生通过学习新的词语和表达方式可以形成新的概念，从而促进概念建构能力的发展。

事实上，大多数概念，尤其是具体概念都是以词语为依托的。我们学习一个新的英语单词（主要是实词），就相当于形成一个新的概念。虽然不同语言能够表示同样的概念，但由于每种语言的词语和表达方式并不是完全对等的，所以这些词语表达的概念也不完全对等。因此，学习母语以外的语言，有助于我们建构更多的概念。比如，中学英语教学中经常比较 desk 与 table 的区别。汉语中的“桌子”可以表示各种类型的桌子，包括书桌、办公桌（写字台）、饭桌等。英语中的 desk 可以指办公桌、书桌（通常带抽屉），而 table 则是指饭桌、会议桌等。可以说，英语中的 desk 和 table 把桌子分为两大类。以汉语为母语的人学习英语单词 desk 和 table 时，不仅是学习这两个词的意思，而且要通过学习这两个单词来重新建构关于桌子的概念。换句话说，学习 desk 和 table 这两个词使我们对桌子重新进行了一次分类。这种重新分类的过程就是借助中介进行内化的过程，就是学习的过程，也是认知发展的过程。因此，英语教学要特别注意通过使学生理解新学词语的真正意义来建构概念，而不是简单地学习一个单词的中文释义。比如，学习 pen 这个单词的时候，不能简单地告诉学生 pen 的意思是“钢笔”。在汉语中，钢笔特指带有不锈钢笔尖且能灌注墨水的笔。但实际上，在当代英语中，pen 这个词并不只表示这种笔，我们现在使用的签字笔在英语里也是 pen。

由于历史和文化发展方面的原因，有些文化中已经形成的概念在其他文化中尚无对等的概念。我们学习母语以外的语言时，可能会学习一些新的词汇，而这些词汇代表的概念在母语里暂时没有。学习这些词汇，就相当于形成了新的概念。比如，英语中的 couch potato 指沉迷于看电视而很少做其他活动的人，在汉语里没有对等的词（“电视迷”勉强算一个）。虽然中国也有这样的人，但尚无一个能够准确描述这类人的词语，实际上就是没有形成一个概念。而学习英语里的 couch potato 之后，就能形成概念了。

五、信息记忆与转换能力

记忆能力是思维能力中比较基础的一种能力。语言学习要借助记忆能力。同时，语言学习又有助于促进记忆能力的提高。英语教学中的很多活动都有利于培养学生的记忆能力。比如，将描述故事梗概的句子或段落打乱顺序，请学生还原顺序；把有先后顺序的操作指令（如制作飞机模型的操作流程指令）打乱顺序，请学生还原顺序。这些还原顺序的活动有助于培养学生的记忆能力。值得指出的是，这种训练记忆能力的方式与机械地记忆单词意义和拼写的方式是有区别的。还原顺序的活动不仅需要根据记忆提取信息，而且还要判断信息之间的逻辑关系。

信息转换能力也是一种重要的思维能力。英语教学中的听、说、读、写等语言实践活动经常涉及信息转换。比如，在阅读过程中把文字形式的内容以某种方式转换成另一种形式，就可以称之为信息转换。信息转换一般采用比较直观的方式，特别是图表。表格的使用是很灵活的，可以借助表格对文章中的内容进行分类、对比、排列。教师事先设计表格，要求学生一边阅读一边根据所读内容填写表格。图形包括结构图、柱形图、扇形图、流程图、地图等。教师可以根据阅读篇章的内容和体裁设计不同的图形，要求学生在图形上标出阅读篇章中的内容。教师甚至可以让学生根据自己的理解编制图表。当然，信息转换也可以是从非文字信息转换为文字信息，比如根据图表的信息进行书面或口头表达。

信息转换需要借助多种思维能力，特别是记忆能力；同时，信息转换活动又有助于思维能力的发展。

六、批判思维能力

批判思维能力是思维能力的重要组成部分。在英语学习中，可以通过引导学生识别和分析语言反映的态度、隐含意义、预设等培养学生的批判思维能力。

我们用语言再现的客观世界与实际的客观世界并不完全相同，我们用语言描述的经验与实际发生的事情不完全相同，我们用语言表达的思想和情感有时与我们真实的思想和情感有很大的差距。这是因为语言在很大程度上具有主观性和模糊性。再现同一个事物或事件时，不同的人可能用不同的语言。而不同的语言显然有不同的意义。在英语学习中，我们接触的语言材料除了反映客观事物、事件，往往还反映说话者的态度、立场和观点。如果英语学习者能够识别和分析语言反映的态度和隐含意义，则有利于他们培养批判思维能力。请看下面的例子：

例 5　His dishonesty was frowned on by the majority of Americans.（他的不诚实行为遭到了大多数美国人的鄙视。）

例 5 隐含了一个语用预设，即“他”有不诚实的行为。这个预设是通过 His dishonesty 这个表述来实现的。其中，dishonesty 一词是一个名词化手段。名词化手段使一些可能存在的特征或行为变成事实。

在英语学习过程中，如果我们能够识别和分析语言材料中以语言手段来反映的观点、态度、情感并判断其真实性、可靠性和公正性，那么就能培养批判思维能力。另外，在英语学习过程中，学生一定会接触不同文化背景下发生的事件或存在的情感、态度和价值观。外语学习为学生打开通向不同文化的窗口，有利于学生与具有不同世界观、不同价值观人群之间的交流和沟通（文秋芳　等，2014）。显然，接触、了解不同文化背景下的态度和价值观并能够将其与本国文化的态度和价值观进行比较，有利于学生发展批判思维能力。

七、认识周围世界的能力

语言是我们认识世界的工具之一。没有语言，万事万物根本无法呈现在心灵中。也就是说，没有语言作为中介，没有凭语言来指称和命名，心灵根本无法认识世界（黎明，2011）。学习不同的语言，能够帮助我们从不同角度认识事物，也可以加深我们对事物的认识。比如，我们可以通过了解英语词语与其所代表的事物之间的关系，从与汉语不同的角度来认识周围世界。

我们对周围事物的认识在很大程度上要借助语言。我们给事物命名，实际上代表了我们对事物的认识，包括对事物的外观、本质、属性、功能等方面的认识。我们使用动词来描述现实世界或想象世界中发生的事情，用形容词来描述事物和事件的特点，在很大程度上也是我们对事物和事件的认识。显然，当我们用不同的语言来命名事物或描述事物、事件的特点时，我们对事物和事件的认识是不同的。英语单词 computer 的意思是“计算器”或“计算机”，即能够做大量运算的机器。同样的机器，在汉语里我们把它叫“电脑”。把计算机比作人的大脑，是因为我们认为这种机器具有大脑的很多功能。显然，用“电脑”一词来指代英语里 computer 所表示的事物，反映了我们对计算机的功用给予的更高的评价。中国学生学习英语时（特别是学习英语词汇时），并不只是了解了一些事物的另外一种说法，而是从不同的角度来认识事物。比如，汉语里的麦克风和英语里的 microphone 也是很好的例子。音译的“麦克风”这三个字既不能反映这一物品的实际功用，也不能反映它的外观特征。而汉语里的“扩音器”和“话筒”则更能反映这一物品的功能。英语单词 microphone 则在一定程度反映了话筒的功用。所以，学习 microphone 这个单词的时候，不要仅仅记住“麦克风”这个音译的词语，而要借助 micro 和 phone 的意思来理解其含义，加深对这一物品的认识。

人们对事物的认识可能受到语法结构的影响，而不同的语言有不同的语法。比如在很多语言中，名词有阳性和阴性之分。虽然这种区分具有很大的任意性，但这一区分却能影响人们对事物的描述、对事物异同点的判断以及对事物名称的记忆（Borodtsky et al.，2003）。因此，中国学生学习英语之后，他们掌握的英语语法可能改变他们认识周围事物的方式。即使改变不大，至少增加了认识周围事物的方式，或者增加了从不同角度认识事物的可能性。

八、时空判断能力

时空概念和时空判断能力也是思维能力的重要方面。虽然时空是普遍存在的，但不同语言中表示时空的词语不完全相同，这也导致人们的时空判断能力存在差异。澳大利亚北部约克角西海岸有一个名叫 Pormpuraaw 的土著部落。那里没有表示前、后、左、右等方位的词语，人们描述空间位置时只能使用东、西、南、北等表示绝对方向的术语，比如“在你的东南腿上有一只蚂蚁”“请把杯子向西北偏北的方向挪动一下”。由于他们时刻需要使用东、西、南、北等绝对方位词语，而不能使用表示前、后、左、右等相对方位的词，他们几乎从来不会迷失方向，即使是在荒郊野外打猎时。如果这个部落的居民学习了其他语言，掌握了其他表示方位的词语，他们可能会形成新的空间判断能力。同理，中国人学习英语时，不可避免地要学习英语中表示时空的词语和表达方式，也可能促进时空判断能力的提升。请看下面的例子：

例 6 Last week a ship sank off the coast of Florida.（上周一艘船在靠近佛罗里达的海域沉没了。）

例 6 中的 off the coast 表示离陆地有一定距离但又不是很远的海域。显然，这里的 off the coast 在汉语里没有对等的表述。学习这个表达，就无形之中对这一个空间领域有了新的认识。

九、严密思维能力

严格来讲，严密思维能力并不是一种独立的思维能力，它不能与前面讨论的几种思维能力完全分离。大部分思维活动都有不同程度的严密性。人们的思维能力的严密性也有差异。这里的严密思维能力实际上是指思维的严密性。为了便于讨论（主要是为了在表述上与前面的几种能力平行），我们暂且使用“严密思维能力”这个说法。

各种语言不仅有不同的形式和结构，而且有不同的规则，对规则运用的准确性也有不同程度的要求。与汉语相比，英语的规则似乎更多一些，而且在规则运用上的要求更高，正确与错误的界限更加明显。在学习和使用英语时，我们需要在规则方面投入更多的注意力。这显然给英语学习带来更多的负担，增加了英语学习的难度。但从另一个角度来看，对中国学生来说，学习英语的规则并在使用英语的过程中遵守这些规则，在一定程度上也能提高思维的严密性和准确性。比如，在说“Yesterday Peter ate two apples.”这句话时，说话者需要注意两点：因为事情发生在过去，所以动词要用过去式 ate，而不能用 eat；因为吃了两个苹果，所以要说 apples，而不能说 apple。如果英语学习者在学习英语和使用英语的过程中养成这样的思维习惯，就能从一个侧面提高思维的严密性。如果学生能够有意识地根据英语的语言规则来组织话语、表达思想、再现生活经验，对书面和口头表达中的语言进行加工、整理，使之用词恰当、语义清楚准确，就能够在很大程度上提高思维的严密性。

十、创新思维能力

创新思维能力是思维能力中层次较高的一种能力。英语学习者可以借助语言的创造性，使用新颖的表达方式表达新的概念，从而促进创新思维能力的发展。

人类总是能够借助已有的语言资源创造新的表达法（包括单词、短语和句子），以便描述新的事物和环境。这就是语言的创造性特征（Yule, 2014）。如果英语学习者能够有效地利用英语语言在语音、词汇、语法、语篇等层次的资源，使用新颖但符合基本规则的表达法，那么就有可能促进创造性思维能力的发展。有一位小学生自己画了一幅图，并写了这样一句话"I eat dinner with chairs."。乍一看这句话既不符合语法，也不符合逻辑。其实，这句的意思是"我经常独自一个人吃晚饭"（桌子旁还有椅子，但没人坐）。有一篇课文里有这样一句话"I teach with students."。这是一位教师在阐述她的教学思想时说的一句话。有的学生说，teach 不是及物动词吗？这里为什么要用 with 呢？其实，这句话的含义是：我和学生共同教学（大概就是"教学相长"的意思）。显然，像 eat dinner with chairs 和 teach with students 这样的表达法并不是英语中常见的说法，而是说话人根据表达意义的需要创造性地建构的表达法。如果英语学习者能够充分利用语言的创造性，在口头和书面表达中创造性地使用语言，不仅能够提高语言表达能力，而且能够通过语言展现创新思想，从而促进创新思维能力的发展。

语言与思维的关系十分密切。学习和使用语言要借助思维，同时，学习和使用语言又能够进一步促进思维的发展。这一论断几乎没有争议。学习和使用母语以外的语言，可以丰富思维方式，进一步促进思维能力的发展。这一论断也几乎被完全证实。英语教育界人士广泛认为，英语课堂教学中的很多活动能够促进学习者思维能力的发展（Waters, 2006）。现在还不太清楚的是，学习母语以外的语言究竟能够促进学习者的哪些思维能力以及如何通过语言学习促进学习者思维能力的发展。就中国语境下的英语学习而言，这一问题尚无明确的答案。本小节尝试性地结合英语语言的特点和英语学习过程的特点，探讨了有可能通过英语学习促进发展的十种思维能力。笔者意识到，这些探讨主要是基于一些逻辑推理和少数实例，并非基于实证研究。由于各种思维能力之间的界限并不十分清晰，这里所谈的十种思维能力之间也有一些重叠之处。对于具体课堂教学中如何渗透思维能力的培养，将在下一节继续探讨。

第三节　在英语教学中发展学生的思维能力

《普通高中英语课程标准（2017年版）》对思维品质的高度重视引起了英语教育界学者对英语教学中培养学生思维品质这一课题的广泛关注。郭宝仙、章兼中（2017）结合英语学科学习的特点，分析了英语学科思维能力的内涵，探讨了英语教育中思维能力发展的策略。夏纪梅（2017）阐述了如何评价英语教学与考评是否助力师生思维能力发展。黄远振（2017）论述了英语教学不仅应该促进学生思维能力的发展，而且有无限的可能实现这一目标。张金秀（2016）从理论建构和实践应用两个角度分析了当前英语教学中在学生思维品质培养方面存在的困境，并提出了如何梳理课堂教学逻辑、丰富教学资源以及改变课程形态等应对策略。

同时，很多一线英语教师和教研员也就如何在英语课堂中发展学生思维品质展开了讨论，分享了很多经验和做法。张泰刚（2017）探讨了英语教学中提升学生思维灵活性的策略。徐娜（2017）以英语绘本教学为例，讨论了如何在英语课堂教学中培养学生的思维品质。陈胜（2017）探讨了如何在英语阅读教学中设计科学、合理的问题，以培养学生的发散思维、深度思维、概括思维、比较思维、推理思维和批判思维等思维品质。

理论上讲，任何学科的教学都涉及各种各样的思维活动，都有助于促进学生思维品质的发展。但是，在具体教学中，要结合学科特点设计思维活动，发展与本学科关联性更强的思维品质。郭宝仙、章兼中（2017）强调，应该从英语学科特点和英语学科思维的内涵出发，根据学生思维发展的规律和特点，设定教学目标并开展有效的教学，促进语言能力与思维能力协同发展。

英语学习不只是学习英语的语言形式和英语表达的意义。大多数英语学习活动都是围绕语篇进行的，其中包括围绕语篇内容进行的预测、阅读、讨论等活动。这些活动有多重的作用。在这些活动中，学生接触、感知、理解、学习语言，同时，学生还学习知识、经验，增长智慧。由于这些学习活动涉及识别、理解、推理、判断、思考等思维活动，所以语言学习活动也是思维活动。下面我们结合英语课堂常见的词汇、语法、阅读、写作、听说等教学活动以及课堂互动，探讨如何通过课堂教学促进学生语言能力与思维能力协同发展。

一、在词汇教学中发展思维能力

上一节我们提到，在不同的语言中，事物的名称是不同的。这些不同的名称实际上代表了事物不同的特征，也反映了操不同语言的人群对事物的不同认识。因此，学习事物在不同语言中的名称，可以帮助我们从不同角度认识事物的特征。从不同角度观察和认识周围事物就是一种思维能力。在英语词汇教学中，学习名词、动词、形容词等，都可以促进思维能力的发展。下面我们举几个例子：

例 1

In the first column of the table below are some Chinese words. In the second column write the equivalent English words. Then decide whether the Chinese words or the English words describe the objects better. If you can't decide, put in a question mark.

Chinese	English	Which words describe the object better?
板牙	*front tooth*	*front tooth*
半旗	*half-mast*	*half-mast*
海龟	*green turtle*	海龟
海参	*sea cucumber*	?
海米	*dried shrimps*	*dried shrimps*
水货	*smuggled goods*	*smuggled goods*
手表	*watch*	手表
西瓜	*watermelon*	*watermelon*
毛豆	*young soya beans*	*young soya beans*
鼠标	*mouse*	鼠标
水城	*waterside town*	?

注：表格中第二栏和第三栏里的词语为参考答案。实际操作时，答案可能不是唯一的。

这个学习活动不是一般的词语翻译练习，也不是单纯的英汉对比练习，而是要学生比较、分析和判断在英汉两种语言中，同一事物的哪个名称更能反映该事物的基本特征。比如，海龟表示“海里的乌龟”，而

green turtle 的字面意思是“绿色的乌龟”。显然，汉语里的海龟比英语里的 green turtle 更能反映海龟的基本特征。汉语里的“海米”指晒干的小虾，但是“海米”并不能直接反映这一特征。相比之下，英语中的 dried shrimps 更能反映海米的本质特征。

例 2

The best house. Hermit Crab is looking for a new home. Which of these homes might he choose? Why?

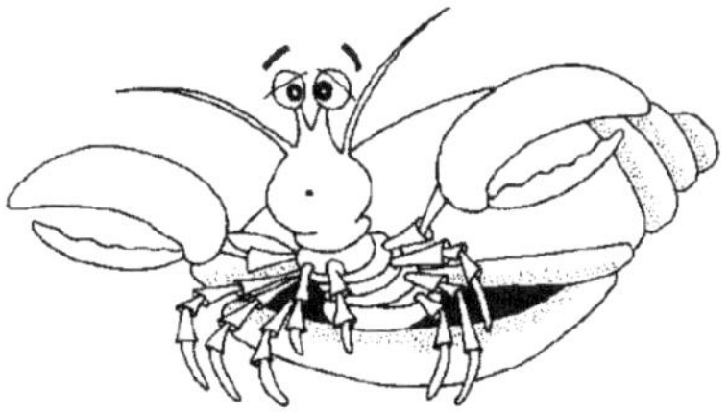

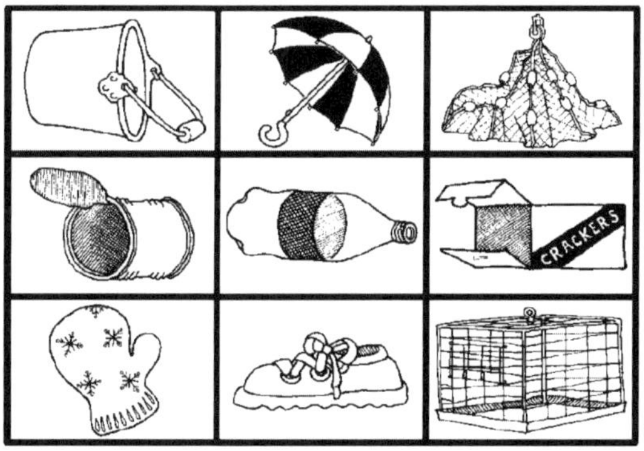

(Polette, 2007)

这个活动是这样设计的：Hermit Crab 是一只螃蟹，它需要找一个新的居所。在图片中的这些物品中，它会选择哪一个呢？学生需要观察和识别图片中的物品，并判断哪个或哪些物品适合做螃蟹的居所。在活动中，学生不仅需要用到这些物品的名称，还可能需要使用一些英语表达法，如“He might choose...”“Maybe he could choose...”“He can't choose... because...”。这样，语言学习与思维训练就紧密联系在一起了。

例 3

Look at the pictures below. Describe the animals by using the cues next to each picture.

This is a...

It has...

It can...because

This is a...

It has...

It can...because

在这个活动中，学生通过观察长颈鹿和老虎的外表特征，并结合已有的知识与经验，描述长颈鹿和老虎的特征（包括外表特征和习性）。在完成这个活动的过程中，学生需要使用自己熟悉和不熟悉的词汇，还需要观察、思考。如果让学生两人一组完成这个活动，他们还可以交流和讨论。需要注意的是，学生用“It can...because...”这个结构进行表达时，要注意话语的逻辑性问题。如果学生描述长颈鹿时说“It can walk because it has long legs.”，则逻辑性不强。描述老虎时，不要说“It can eat animals because it has sharp teeth.”，而可以说“It can catch animals because it has strong legs.”。

二、在语法教学中发展思维能力

大多数语言形式不是任意的。语言的形式与其表达的意义有密切的联系。换句话说，语言表达的意义在很大程度上来自语言的内在逻辑。为了理解语言的形式与意义，有时需要分析语言形式的内在逻辑。这一过程就有助于发展思维能力。语法是语言形式的重要组成部分。学习语法时，我们不能只是把语法当作语言规则来学习，而要探究语法结构表达什么意义，语法结构是如何表达意义的，以及语法结构与意义之间的逻辑关系。如果按照这个思路进行语法教学，那么语法教学不仅是使学生学习语言知识，而且能够帮助学生发展思维能力。目前，很多一线教师已经开始探索如何在语法教学中融入思维能力的培养，比如李爱云（2017）开展了在初中英语语法教学中渗透思维品质培养的实践，有效地将语法教学与思维品质的培养结合起来。以下我们举几个教学实例：

例 4

Compare the structure and meaning of the following pairs of sentences.

（1a）Every student in our class made two mistakes.

（1b）Two mistakes were made by every student in our class.

（2a）Peter wouldn't ride the white horse.

（2b）The white horse wouldn't be ridden by Peter.

这个学习活动可以用于被动语态的教学。很多教师在教授被动语态时，只关注被动语态本身的结构以及主动语态和被动语态如何相互转换，而不太注重两种语态表达的意义的差别。有的教师甚至告诉学生，两种结构表达的意义是相同的，只是强调的内容不同而已。其实不然。在上面的例子中，句子（1a）的意思是"我们班每个学生都犯了两个错误"（但犯的错误可能是不同的）；句子（1b）的意思是"我们班的学生都犯了两个相同的错误"（如果直译的话，则是"两个错误被我们班的每个学生犯了"）。句子（2a）的意思是"彼得不愿意骑那匹白马"，而句子（2b）的意思是"那匹白马不愿意被彼得骑"。两句话的意思大相径庭。那么这是为什么呢？因为情态动词表达的情感是有方向的："A+ 情态动词 + 动词 +B"表示 A 对 B 的情感。如果把含有情态动词的句子从主动语态变为被动语态，主语和宾语的位置颠倒了，但情态动词没有变化，那么就会导致情感的方向发生变化。在语法教学中，如果能恰当地进行类似这样的分析活动，不仅能够加深对所学语法知识的理解，也能培养学生的思维能力。下面我们再看一个例子：

例 5

Comparing animals. Use these words: *larger*, *smaller*, *longer*, *shorter*, *fatter*, *faster*, *slower*, *taller*

（1）An elephant is __________ than a mole.

(2) A mouse is ________ than a mole.

mouse

mole

(3) A giraffe is ________ than an elephant.

(4) A pig is ________ than a cat.

(5) A giraffe's neck is ________ than a horse's neck.

(6) A pig's tail is ________ than a horse's tail.

(7) A turtle moves ________ than a mouse.

(8) A deer runs ________ than a pig.

[Answers: (1) larger (2) smaller (3) taller (4) fatter (5) longer (6) shorter (7) slower (8) faster]

(Polette, 2007)

这个练习要求学生使用形容词的比较级补全句子。这些句子都是比较两个动物的特征或习性的差异。在这个练习中，学生不是单纯地学习形容词的比较级形式，而是用形容词的比较级形式来比较动物的差异。这样学生就能够在实际语言使用中运用语法知识。很多英语教师在教授形容词比较级的时候，往往把重点放在形容词比较级形式的构成上，而不太注重让学生在实际语言实践活动中使用形容词的比较级。

例 6

Look at the following sentences and try to find out the sentence patterns in which the verb "teach" is often used.

(1) Neil teaches music.

(2) Neil teaches at a music school.

(3) Neil teaches me music.

(4) Neil teaches me singing.

(5) Neil often teaches us how to sing beautifully.

在这个语法学习活动中，学生需要观察动词 teach 在不同句式结构中是如何使用的，并总结规律。为完成此项活动，学生需要观察 teach 前后的单词及这些词的词性、意义等。这个看似简单的归纳学习活动实际上需要使用多种语言知识，而且需要学生仔细观察、思考和概括。

三、在阅读教学中发展思维能力

英语阅读活动不仅是从语篇中获得信息或理解语篇的主要意思。英语阅读教学通常还包括预测、思考、寻找信息、理解意思和意图、讨论等环节。这些环节都涉及思维过程。如果能有效地设计和实施这些教学环节，阅读教学将有助于促进学生思维能力的发展。很多一线教师已经意识到阅读对促进思维能力发展的作用，并开展了实践探索（如：陈胜，2017；黄维强，2017）。下面我们举几个教学实例：

例 7

Gever Tulley, founder of the Tinkering School, once gave a TED talk, which spells out 5 dangerous things we should let our kids do—and why a little danger is good for both kids and grownups. Before you read the text of this TED talk, can you guess which of the following 10 things Gever Tulley suggests children doing? Why? Then read the text and check whether your predictions are correct.

(1) Play with fire

(2) Own a credit card

(3) Travel alone

(4) Own a pocketknife

(5) Drive a car

(6) Swim in a lake

(7) Deconstruct appliances

(8) Own a gun

(9) Visit harmful websites

(10) Throw a spear

这是一个阅读前的预测活动。这里的预测不是无根无据的预测，而是根据自己的经验和知识做出相对合理的预测，并给出理由。之后学生阅读 Gever Tulley 的 TED 演讲稿，对比自己的预测与 Gever Tulley 建议孩子可以做的五种危险活动（Play with fire; Own a pocketknife; Drive a car; Deconstruct appliances; Throw a spear）。当然，学生不必接受或认可 Gever Tulley 的观点，可以针对 Gever Tulley 的观点展开讨论或辩论。需要注意的是，本活动列出的十种危险活动在不同的文化背景下具有不同的价值，比如，拥有和使用一把小刀（pocketknife）在有些地区是一种重要的生活配备和技能。另外，这里的 throw a spear 是指狩猎时投掷标枪，不是扔掉标枪。

例 8

How Will We Live?

Picture this: You wake up in the morning. A soft light turns on in your room. You go into the bathroom and the shower starts. The water is the perfect temperature. After your shower, you go into the kitchen. Your favorite breakfast is already cooked, and it's on the table, ready to eat. Now it's time to go to work. It's a rainy day. You live alone, but you find that your umbrella and hat are already by the door.

How is all this possible? Welcome to your future life!（文章其余部分略）

Answer the following questions:

1. Circle the words to complete this sentence.

The author of the reading passage seems positive (optimistic) / negative (pessimistic) about the future.

2. Find examples that support your answer. Look for words and phrases the writer uses to describe the scene in the opening paragraph. Does the description make life sound pleasant or unpleasant?

3. Look at how the writer describes appliances, houses, and

robots. Does the writer make these devices sound practical (useful) or impractical (not useful)?

4. Now discuss this question with your partner: Do you agree with the writer's attitude about the future? Why, or why not?

(Vargo et al., 2013)[105-107]

这个阅读活动与一般的阅读理解活动有所不同。学生不只是从文章中获得相关信息，而且要对作者的态度做出判断，并用例子佐证。（第1、第2个问题）作者关于未来生活设施、房屋和机器人的描写显得很实用还是不实用？（第3个问题）你是否认同作者对于未来生活的态度？为什么？（第4个问题）显然，要回答这些问题，学生需要在理解文章的基础上，结合自己的知识和经验，进行分析、推理和判断等思维活动。这样阅读与思维能力训练就融合在一起了。

四、在写作教学中发展思维能力

写作与思维有着千丝万缕的联系。没有高质量的思维，便没有高质量的写作，思维是写作的必需条件（王可，2006）。同时，写作训练可以提高思维能力。写作的准备阶段包括收集、甄别和遴选材料的过程，以及确认写作目的、规划作文结构与布局等过程；写作阶段包括概括、分析、综合、比较、建构等过程；修改阶段包括反思、评价等过程。这些过程都涉及不同层次和不同类型的思维活动。所以，无论是母语写作训练，还是外语写作训练，都有利于促进思维能力的发展。近年来兴起的读后续写与思维能力的培养也有密切关系。在读后续写过程中，学生需要厘清故事情节发展的前因后果，分析人物表现出的内心情绪变化，解读作者的意图和目的，评价故事的文化价值（夏谷鸣，2018）。

例 9

Rewrite the following text so that it has better logic and order.

Pets add to the quality of life. Any benefits outweigh the costs. However, they can destroy household furniture. Stroking pets is thought to reduce stress. Property values can be affected by the odour animals leave behind them in carpets and curtains. Many people find talking to a pet helps them sort out personal problems. Problems with pets can be sorted out, so they are not insuperable.

参考答案：

Pets add to the quality of life. This is evident in several ways. For example, stroking pets can reduce stress. Many people find talking to a pet helps them sort out personal problems. There are some disadvantages to having an animal about the house such as damaged furniture and unpleasant odours. However, these problems can easily be overcome. The benefits of having a pet outweigh the disadvantages.

这是一个作文修改活动，但需要修改的不是语法和用词方面的问题，而是逻辑性和条理性方面的问题。原文讨论了养宠物的利与弊，但利与弊交替描述，显得没有逻辑和条理。修改后的段落首先介绍养宠物的好处，并举例说明。然后再陈述养宠物的弊端。最后还做了一个总结：总的来说，养宠物利大于弊。显然，这样的写作训练不仅可以提高学生的英语语言表达能力，而且能够提高思维的逻辑性和条理性。

五、在听说活动中发展思维能力

《普通高中英语课程标准（2017 年版）》指出，英语教学应选择既有意义又贴近学生生活经验的主题，创设丰富多样的语境，激发学生参与学习和体验语言的兴趣，以使学生能够在语言实践活动中反思和再现个人的生活和经历，表达个人的情感和观点，在发展语言技能的同时，提高分析问题和解决问题、批判与创新的能力。学生表达真实情感、观点和经历时，不仅要使用语言知识和语言技能，也需要运用逻辑思维能力和创新能力。下面我们举一个口语活动的教学实例：

例 10

Discuss the questions with a partner.

1. How important is spending time in nature to you? Tick your answer and explain why.

□ Very important.

□ Somewhat important.

□ Not very important.

2. Check (√) the outdoor activities that you enjoy and add two more ideas of your own. Explain your choices to your partner.

□ walking in a park or public garden

□ sitting near a river, lake, or ocean

□ watching animals outdoors or at a zoo

□ camping in a lake district

□ ______________________________

□ ______________________________

3. Does people's getting close to nature always have a positive effect on the natural world?

例 10 是一个口头讨论活动，选自一个题为“Our Relationship with Nature”的单元。在这个两人一组的讨论活动中，学生首先讨论与大自然共处的重要性，并做出解释（第 1 个问题），然后选择并解释自己喜欢的户外活动（第 2 个问题），最后讨论人们接近大自然是否总是对大自然有益（第 3 个问题）。这个活动不只是让学生操练所学语言，更是要学生结合本单元所学内容以及他们已有的经验与知识，特别是他们对大自然的认识，讨论人类与大自然的关系。

六、通过真实的课堂互动发展思维能力

课堂学习主要通过互动来实现。互动是指课堂上师生之间、生生之间的交流。思维是互动的核心。具有思维含量的互动，不仅能促进英语学习，而且能够促进学生思维能力的发展。但是，由于教师设计的问题或话题不合理，课堂上很多师生互动缺乏思维含量。

例 11

上课伊始，教师希望通过让学生猜测她前一天晚上做的事情来引入本节课的话题。师生互动如下：

T: I am feeling tired. What did I do yesterday evening? Can you guess?

Ss：…（学生沉默）

S1：Did you go to the park？

T：No，I didn't.

S2：Did you go to the cinema？

T：No，I didn't.

S3：Did you go shopping？

T：Yes，you are right. I went shopping. So what did I buy？Can you guess？

S4：Did you buy a shirt？

T：No，I didn't.

S5：Did you buy a book？

T：No，I didn't.

…

这个互动环节看似生动活泼，实际上学生所做的猜测都是无根无据的猜测，师生互动缺乏思维含量。

例 12

在阅读一篇题为"My First Impression"的课文之后，教师向学生提问。以下是该教学环节的节选：

T：What's your first impression of the passage？

Ss：…（学生沉默）

T：What's your first impression of the passage？

Ss：…（学生沉默）

S1：Long.

在这个片段中，教师问学生对所读文章的第一印象是什么，全班学生保持沉默。教师把问题再重复一遍，学生还是无法回答。最后，有学生说了一个单词"Long."，结果全班同学哄堂大笑。问题出在哪里呢？问题在于教师问的问题不合理，不利于学生思考。学生不知道教师说的印象（impression）指哪方面的印象，是指文章的主题、内容，还是指文章的写作风格和语言，或是指文章的难度？

语言与思维不可分割。学习语言和使用语言都是思维的过程，且都能够促进思维能力的发展。具有思维含量的语言学习活动又有利于提高语言学习的效果。因此，在英语教学中发展学生的思维品质，不仅是必须的，也是可能的，关键在于教师的认识和实践能力。正如黄远振（2017）所总结的：只要我们认同“必须”、知道“可能”，从起点出发，自觉进行课堂实践，勤于教学反思，及时总结经验，逐步摸索前行，就能实现发展思维品质的课程目标。

注：本章第二节的部分内容曾以《英语学习对发展学生思维能力的作用》为题发表于《课程·教材·教法》2015 年第 6 期。第三节的部分内容曾以《在英语教学中发展学生的思维品质》为题发表于《中小学外语教学》2018 年第 3 期。

第六章　基于核心素养的英语考试与测评

如何科学、合理、准确地测评学生的学科核心素养是当前基础教育课程实施过程中的关键问题之一。如果不能有效地测评核心素养，基于核心素养的课程改革恐怕难以达到预期的目的。学科核心素养的测评与传统考试有很大区别。学科核心素养的测评旨在通过学生在具体任务上的表现，推断其在某个素养上的水平。这一推断过程会比传统测评方式的推理更为复杂，体现在整个推理过程的诸多环节，比如，对所测学科核心素养确切内涵和外延的理解是否准确，创设的情境或任务能否合理引发相关的行为或表现，学生在任务上的表现与相应的学科核心素养水平的匹配是否合理，等等（杨向东，2018）。本章着重探讨核心素养背景下英语学科的考试与测评的理念与技术问题。

第一节 核心素养下英语考试与测评的基本要求

高中英语课程的目标、内容和学业质量标准都是基于核心素养制定的，那么高中英语学科的考试与测评也应该充分体现发展学生核心素养的要求。从目前的情况来看，高中英语学科最重要的考试与测评是高中英语学业水平考试和英语高考。

根据《普通高中英语课程标准（2017 年版）》的要求，高中英语学业水平考试和英语高考主要考查学生在语言能力、文化意识、思维品质和学习能力等方面达到的水平。这些素养在不同程度上可以通过纸笔考试的方式直接或间接地考查。有些素养更适合通过非纸笔考试的方式进行考查（如口试、访谈、观察、档案袋）。

《普通高中英语课程标准（2017 年版）》指出，英语学业水平考试和英语高考都应该在考查学生的英语语言运用能力的同时，渗透对文化意识、思维品质和学习能力的考量。对语音、词汇、语法、语用、语篇和文化知识的考查应渗透在英语理解能力和表达能力的考查之中，不应孤立地考查这些方面的知识点，更不应机械地考查对知识的记忆情况。高中英语学业水平考试和英语高考主要考查学生的英语理解能力和表达能力。

英语理解能力包括学生对口头和书面语篇的理解能力、从口头和书面语篇中获取信息的能力、对口头和书面语篇做出反应的能力。命题时，要从理解的对象和理解的层次设置试题的考查点。理解的对象包括语篇直接或间接提供的信息、事实、观点、情感与态度等。理解的层次包括识别、区分、归纳、分析、阐释和评价等。试题的难度可以从理解的全面性和深刻性两方面来考虑。

英语表达能力是指学生用英语进行口头或书面表达的能力，特别是在真实语境中传递与沟通信息，再现生活经验，表达观点、意图和情感的能力。要以适当的形式考查学生有意识或无意识地选择词汇和语法手段来表达特殊意图和效果的能力。要从意义表达的实际效果、口头和书面语篇的结构、文体特征、衔接性和连贯性等方面制定评分标准。

近些年来，英语学业水平考试和英语高考一直在进行改革，已经取得了一些很好的经验，有些做法已经很成熟。考试命题越来越注重对语言能力的考查。也就是说，目前的英语学业水平考试和英语高考在很多方面已经体现了对核心素养（特别是语言能力）的考查，关于这方面的研究也很多（如：李养龙 等，2013；刘庆思，2017）。笔者仅就今后英语学科的考试与测评提几点具体的建议。

一、测评内容与要求切实体现英语学科核心素养

现在的大多数考试（如中考、学业水平考试和高考）越来越重视全面考查学生的英语语言知识掌握情况和英语语言运用能力。但是，英语学科核心素养不只是英语语言知识和英语语言运用能力，还包括思维品质、文化意识和学习能力。今后的测评要尽可能较为全面地覆盖这些素养。目前关于思维品质、文化意识和学习能力的测评方式与手段还很不成熟，需要深入的研究。当然，并非思维品质、文化意识和学习能力的各个方面都可以通过纸笔考试的方式来测评。另外，即使是英语语言知识和英语语言运用能力的测评，就具体考试内容和要求而言，目前各类考试的内容和水平要求与英语学科核心素养体系还有距离。比如，有些重要的考试仍然不包括听力和口语的考查，听力理解和阅读理解的试题仍然以对事实性信息的识别、提取和理解为主，涉及分析、评价、判断和阐释的试题还不多。《普通高中英语课程标准（2017 年版）》要求学生“能识别语篇中的主要事实与观点之间的逻辑关系”，而不只是区分事实与观点；要求学生“能识别语篇中的内容要点和相应支撑论据”，而不只是抓住内容要点；要求学生“能识别语篇为传递意义而使用的主要词汇和语法结构”，而不只是理解语篇传递的意义。目前很多书面表达试题给考生的限制太多，或者已经提供所写内容，考生只需将所给内容翻译成英语或用英语来描述已经给出的内容。而课程标准要求学生“能在书面表达中有条理地描述自己或他人的经历，阐述观点，表达情感态度；能描述事件发生、发展的过程；能描述人或事物的特征、说明概念”，而且能够在表达中“根据表达的需要，有目的地选择词汇和语法结构”。这些要求在目

前的考试中还没有得到充分的体现。

如何测评学生的英语学科核心素养是今后考试与测评面临的一个挑战，英语教育界的研究者已经开始这方面的课题研究（如：黄小燕，2017）。笔者认为，基于核心素养的考试命题，总的原则是，通过考试准确反映学生已经具备的学科核心素养。为达到此目的，今后的考试在考试内容、考试要求等方面将主要以课程标准为依据；在考试形式方面要更加灵活、多样。比如，2018 年高考英语各套全国试卷的所有语篇和语料都围绕课程标准提出的人与自然、人与社会、人与自我三大主题，取材广泛（涉及故事、科普、人文、社会现象、文化活动等），体裁多样（包括记叙文、说明文、议论文、应用文等）（教育部考试中心，2018）。

今后的考试除继续加强对语言能力的考查外，还将通过考试材料的选择、考点设置、问题设计等方式，全面渗透对文化意识、思维品质和学习能力的考查。比如，2018 年高考英语全国Ⅰ卷阅读理解部分选取了一篇关于世界语言种类随着人类社会发展而进化和减少的文章，倡导保护人类历史与文明的意识；该卷的写作部分第二节设置了外国朋友将到中国家庭做客的情境，要求考生给外国朋友回复一封邮件，告知在中国家庭做客的基本习俗，内容包括到达的时间、带小礼物及餐桌礼仪等，考查学生的中外文化意识以及跨文化交际能力。

基于核心素养的考试在考查要点覆盖面、考点布局、考点难度设置等方面都应以学业质量标准为重要参考依据。比如，2018 年英语高考全国卷的阅读理解部分，不仅包括理解对话或篇章具体信息、做出简单推断等较低层次能力的考查，还包括理解对话或篇章的主旨要义、识别说话人或作者的意图、观点和态度等较高层次能力的考查（教育部考试中心，2018）。这些都是学业质量标准要求学生具备的能力。

二、在测评中使用相对真实、完整的语篇素材

根据《普通高中英语课程标准（2017 年版）》，为了培养学生核心素养，英语教学活动应置于一定的主题语境之中，应基于真实和完整的语篇开展教学。主要教学活动应有助于学生全面、深刻地理解语篇，并对语篇的内容做出反应，在此基础上产出语篇。基于核心素养的测评也需要使

用真实和完整的语篇。目前，虽然各类考试都尽量采用原汁原味的英语语言素材，但总体来看，所采用的语篇的篇幅都比较短，往往是节选的段落，比如，大多数高考阅读试题的原文在 250 ～ 300 词之间。这样篇幅的语篇往往在内容和结构上不够完整，不利于考查学生整体把握语篇结构和内容的能力和根据语篇不同部分的内容进行分析、评价和阐释的能力。在《普通高中英语课程标准（2017 年版）》的研制过程中，项目组对学生进行了英语水平试测，主要是为了检验课标要求的合理性。其中一份试测试卷的阅读理解部分采用了一篇 827 词的文章，共设计了 13 道小题，包括选择题、匹配题、填空题和判断题，从不同角度和深度考查学生对文章的理解。在事后访谈过程中，很多学生提到对这篇“长文章”不太适应。由于文章篇幅太长，一些题目需要前后反复阅读才能确定答案。这说明，从目前的情况来看，高中生在阅读 800 词左右的“长文章”时，确实面临很大的挑战。

核心素养背景下的英语考试，将进一步探索旨在考查核心素养的命题技术，特别是考查学生综合语言运用能力的命题技术。比如，2018 年英语高考全国卷通过恰当的选材和巧妙的设问，不仅考查听、说、读、写等关键能力，还渗透对考生交际能力、思辨精神和学习能力等学科素养的考查（教育部考试中心，2018）。

三、语篇素材应有利于核心素养的测评

近年来，全国高考英语命题继续贯彻落实《国务院关于深化考试招生制度改革的实施意见》（国发〔2014〕35 号），进一步推进高考英语考试内容和形式的改革。高考英语命题以《普通高中英语课程标准（2017 年版）》为依据，紧扣全国统一考试大纲的要求，着重考查学生的综合语言运用能力，特别是注重考查学生的基础知识和关键技能。试题在素材选择、问题设计等方面力求体现以“立德树人”为根本任务的教育理念。

语篇不仅是语言学习的基础，也是语言测试与评价的基础。大多数语言测试都是以语篇为基础，考查学习者理解语篇和产出语篇的能力。因此，语言测试中语篇和语料的选择是一个非常关键的环节。英语高考不仅是大规模考试，而且主要面向 18 岁左右的高中毕业生。针对这样的

考试规模及考生群体，选择满足考试需要的语篇和语料并非易事。

2019年英语高考三套全国卷的听力、阅读理解、语言知识运用、写作等部分的试题基本上都是基于特定口语语篇和书面语篇设计的。这些语篇和语料围绕人与自然、人与社会、人与自我三大主题，题材广泛（如科普、人文、社会现象、自然现象、文化活动、科学研究等），体裁多样（如记叙文、说明文、议论文、告示等）。所有语言素材在主题、内容、形式上都具有明显的时代性。具体来讲，这些语篇和语料是如何体现考试的需要的呢？下面以阅读理解部分的语篇为例来探讨这一问题。

《2019年普通高等学校招生全国统一考试大纲》（以下简称《考试大纲》）关于阅读理解部分的考核目标与要求是这样规定的：要求考生能读懂书、报、杂志中关于一般性话题的简短文段以及公告、说明、广告等，并能从中获取相关信息。这段简短的要求有三个关键点：第一，语篇和语料的主要来源是书、报、杂志（应该包括纸质和电子的）；第二，语篇和语料涉及一般性话题；第三，重点是公告、说明、广告等类型的语篇（尽管不局限于这些语篇类型）。如果阅读理解部分语篇的选择只需要满足以上几点要求，并非难事。但再考虑到高考的特殊性（大规模、面向高中生等），语篇的选择就不容易了。比如，《考试大纲》里说的书、报、杂志，应该主要是英语国家的书、报、杂志，而我国高中生往往不能接触到这些书、报、杂志。另外，并非所有一般性话题都是高中生熟悉的。再有，以英语为媒介的公告、说明、广告非常丰富，但针对中学生的并不多，而我国学生可能接触且熟悉的英语公告、说明、广告等语篇就更有限了。2019年英语高考全国卷阅读理解部分使用的语篇基本上做到了精心挑选、周密配置。下面我们来看看具体情况。

2019年英语高考三套全国卷的阅读理解部分共使用了15篇材料，具体情况如表6-1所示。

表6-1 2019年英语高考全国卷阅读理解部分的语篇

	全国Ⅰ卷	全国Ⅱ卷	全国Ⅲ卷
第一节A篇	政府及相关部门如何帮助学生和年轻人在暑期就业或创业	我最喜欢阅读的书籍	电影、戏剧等上演信息
第一节B篇	如何帮助英语学习者树立自信心	家长志愿者参与社区活动的意义	中国文化对西方的影响
第一节C篇	一项新的网络空间安全技术（生物识别技术）	独自午餐的流行趋势及益处	报纸零售业的发展
第一节D篇	如何赢得青少年同伴的欢迎	中学生参与科学探究	关于猴子识读数字的科学实验
第二节	新鲜空气对健康的益处	动机与目标设定	在线修读课程时如何与教授沟通

从表 6-1 可以看出，2019 年英语高考三套全国卷阅读理解部分使用的语篇有以下特点：（1）所选语篇尽量与中学生或青少年的学习和生活有直接关联性，如政府及相关部门如何帮助学生和年轻人在暑期就业或创业，如何帮助英语学习者树立自信心，如何赢得青少年同伴的欢迎，中学生参与科学探究，动机与目标设定；（2）所选语篇符合中学生的知识和经验水平，能够帮助中学生获得新的知识或经验，如一项新的网络空间安全技术，新鲜空气对健康的益处，家长志愿者参与社区活动的意义，在线修读课程时如何与教授沟通；（3）所选语篇体裁多样（以往的高考试题采用故事和叙述类语篇较多），且结构相对完整（以往试题采用的节选语篇偏多），有利于给学生带来更加接近真实的阅读体验。

那么，在英语高考试题中使用以上语篇类型的价值和导向作用是什么呢？这里我们需要引入一个概念：联合国教科文组织提出的功能性读写能力（functional literacy）。功能性读写能力是指能够解决真实生活或工作中实际问题的读写能力和计算能力（主要是读写能力）。传统意义的读写能力主要指阅读和创作记叙类和论述类语篇的能力，而功能性读写能力则包括理解和生产现实生活和工作中可能需要的各种语篇的能力。英语高考考试大纲里特别提到的公告、说明、广告等语篇，正是这类语篇的典型代表。我们暂且把这类语篇统称为“功能性语篇”（类似于大家经常说的“应用文”，但比应用文涵盖的语篇类型更为广泛）。因此，在英语高考中有目的地选用这类语篇，有利于引导英语课堂教学逐步从一般读写能力的培养转向功能性读写能力的培养。与功能性读写能力相关联的一个概念是真实读写活动（authentic literacy activities），即在课堂上复制或模拟现实生活中的真实读写活动，其目的是发展学生满足现实需要的读写能力（Duke et al.，2006）。真实读写活动的特点是让学生阅读真实的材料，以真实的目的进行真实的写作，就像现实生活中人们从事的读写活动（Costigan，2019）。

四、测评方式应该尽可能灵活多样

选择科学、合理的测评方式是考试命题过程的一个重要环节。测评方式是否科学、合理直接关系到测评的效度和信度，关系到测评的可操作性，关系到测评需要投入的人力和物力。因此，凡是与考试相关的人士，都非常关心测评方式。对于大多数命题人员、考生和教师来说，考试题型尤其重要。由于担心题型的变化带来不利影响，很多考试采用的题型很长时间都没有变化，或者若干年才有少许变化。这样，备考实际上成为针对题型的备考，而且直接影响到平时的教学，容易出现“怎么考就怎么教”的现象。近些年来，我国的英语高考在题型上一直在进行改革探索，不断尝试新的题型（刘庆思，2017）。但笔者认为，目前很多重要英语考试采用的题型仍然比较陈旧、单一，而且多年变化不大；国内外语教育界有意或无意地夸大了题型对考试的影响。考试题型单一且长期不变会引发学生和教师对题型的盲目关注。其实，只要试题形式科学、合理，且试题命制质量有保证，题型的变化不会影响考生实际水平的发挥。在高中英语课程标准试测过程中，项目组参考近些年国内外一些重要英语考试的题型，特意选用了一些新的题型。事后访谈中很多学生提道：对选择题以外的题型感到新鲜或陌生；试题比平时做的题目更有意思，题型更灵活一点，这些新题型的答案不是特别明显，需要动脑子。有学生这样说：对于新颖的题目，有一点暗喜，问题比较明了，但要靠自己去理解题意，理解力好一点的话就会比较得心应手。事后分析试测结果时发现，对于平时比较注重实际能力培养的学校的考生，新题型对考生成绩影响不大；而平时比较注重考试同类题型训练的学校，新题型对考生成绩的影响要大一些。

下面结合几个例题来进一步说明笔者对以上四点建议的认识。由于每个例题并不只是体现一个方面的命题理念和技术，因此笔者特意集中讨论这些例题。

第一个例子是一道阅读理解试题。阅读材料是一篇题为“Spoilt for Choice?”的论述文。文章的大意是，生活中人们面临的选择太多或者可供人们选择的东西太多，反而给人们带来不愉快的经历。以下是文章的第一自然段以及针对这一段设计的一道试题：

Have you ever panicked when faced with too much choice and not been able to decide what to eat in the canteen? Or which flavour crisps to buy? Or what channel to watch on TV? You are not alone. We now have so much choice in our lives that psychologists believe it is making us unhappy.

Question：Give two different words from Paragraph 1 which show that too much choice causes people problems.

(1)____________________

(2)____________________

文章的第一段以几个问题开始，引发读者思考，然后通过段末的主题句（We now have so much choice in our lives that psychologists believe it is making us unhappy.）直接点题。试题设计者并没有设计如“Does too much choice in our lives make us unhappy?”或“According to Paragraph 1, what is making us unhappy?”这样的问题，而是要求考生从段落中找出两个能说明太多的选择使人们不愉快的单词（答案是panicked和unhappy）。这个试题背后的命题理念是，考生不仅要理解文章说了什么，还要理解文章使用了什么语言资源来直接或间接地表达意义，这符合课程标准的要求，即能识别语篇为传递意义而使用的主要词汇和语法结构。需要指出的是，像这样的试题需要采用灵活的考试题型，如果采用选择题或判断题等客观性题型，就很难达到考查的预期目的。

第二个例子也是一道阅读理解试题。阅读材料是一篇题为“Chosen”

的故事。故事的大意是，一个14岁的女孩如何违背妈妈的意愿选择了一条小狗。以下是故事的第一自然段以及针对这一段的一道试题：

It was my father who decided we must have a dog, but choosing one turned out to be more difficult than we thought. After my mother had turned down a dozen puppies, we asked ourselves if any dog, anywhere in the world, could possibly be good enough. But, when we found it, this new puppy was to be my dog. I had decided this. And the fact was that I didn't want a good, noble and well-bred dog—the kind that my mother longed for. I didn't know what I did want, but the idea of such a dog bored me.

Question: Explain one impression you get of the girl's mother from Paragraph 1. Support your answer with a quotation from this paragraph.

这道题不是考查学生对故事中事实性信息的理解（如：Who decided that the family should have a dog? 或 Why was it difficult for the family to choose a dog?），也不是考查学生对故事中人物之间的情感的理解（如女孩对其妈妈的情感），而是考查学生自己对故事中人物的理解和把握，即考生对故事中女孩的妈妈的印象。考生在描述（解释）自己的印象时，还需要引用故事中的文字来佐证自己的观点。从命题技术的角度来看，命制这样的试题并不难，关键在于转变命题理念和考试方式的选择。从考点来看，这道题考查的是读者（即考生）对故事中人物的理解和把握，有相当大的主观性。从考试形式来看，这道题是开放性试题，在评分标准的制定方面有一定挑战。

下面的例题旨在考查学生对衔接和连贯手段的掌握情况。《普通高中英语课程标准（2017年版）》在“学业质量水平”和“学业水平考试与高考命题建议”等部分都提到学生应能辨识和分析语篇的文体特征及衔接手段。这里的衔接手段包括通过使用代词、连接词、省略句、替代等词汇和语法资源来实现的指代、连接、省略、替代等衔接关系。那么如何考查这种能力呢？过去很多考试的做法是：在文章中标出某个人称代词或物主代词，要求考生找出该代词指代的人或物，一般采用选择题的形式。这类试题的缺点是，一般只能考查个别代词的指代意义，而且由于给出了选择项,学生很容易解答试题。以下例子则有利于克服上述缺点。

Below is a poster designed by a local CAB(Citizen Assistance Bureau). Please find 5 pronouns in the poster that refer to the local CAB.

TALK TO US

Everyone needs help and advice sometimes.

Even really bright people can't know everything. Each year our laws, rules and regulations become even more complex. It's hardly surprising so many of us can't understand them. And that's where your local CAB can help.

It's their job to listen to your questions. Of course they take pride in being able to help with really difficult problems.

We're asked for all kinds of information. A difficult legal matter. Where responsibilities lie in consumer disputes. ...And just about everything else!

That's how your local CAB helps you to help yourself.

Ask us.

Please write the pronouns below.

1.________ 2.________ 3.________ 4.________ 5.________

(答案:1.US 2.their 3.they 4.we 5.us)

这道题的原始材料是一份真实、完整的告示,其主要内容是CAB(市民咨询办公室)给市民的通知,告诉他们有困难可以找CAB。这份告示用了5个人称代词来指代CAB,而且不完全相同。试题要求考生找出这5个人称代词。这似乎有悖于传统的文法要求,即要保持人称的一致性。这道题可以较为全面地考查学生对语篇中人称代词指代意义的理解和把握。但是,如果采用选择题或判断题,就很难达到测试目的。当然,在大规模考试中,可能不宜过于集中考查代词的指代意义,或在这类试题上赋分太多。

第二节　基于问题情境的英语考试命题理念与技术

课程改革通常需要与之配套的考试与评价改革。考试与评价改革既包括体制和机制（如招生考试制度）的改革，也包括命题理念与技术的改革。课程改革提出的课程目标、课程理念、课程内容、教育教学方法，都应该直接或间接地体现在考试与评价改革之中，特别是要体现在命题理念与技术的改革之中。只有这样，考试与评价才能做到既准确反映课程改革的成果，又能对日常教学起到积极的反拨作用，从而促进教学与考试的协调发展。

《普通高中英语课程标准（2017 年版）》的基本理念是落实立德树人的根本任务，其宗旨是发展学生的核心素养，即学生应具备的适应终身发展和社会发展需要的必备品格和关键能力。

《普通高中英语课程标准（2017 年版）》实施以后，英语学业水平考试、英语高考以及其他相关考试与测评都需要进一步改革。与之相关的一系列问题需要研究和解决，如：如何测评英语学科核心素养？未来的重要考试（如学业水平考试和高考）是否将涵盖核心素养的各个方面？如何测评那些不具有可测性或可测性比较低的素养？这些问题已经引起了学界的关注（如：陶百强，2017；程晓堂，2017），但还需更加广泛、更加深入的探讨。本节将着重讨论核心素养背景下，基于问题情境的英语考试命题理念与技术。

一、问题情境与核心素养的培养和测评

如果仔细研读《普通高中英语课程标准（2017 年版）》我们可以发现，英语学科核心素养的关键点是在问题情境中分析问题和解决问题的能力。

《普通高中英语课程标准（2017 年版）》对语言能力的定义是“在社会情境中，以听、说、读、看、写等方式理解和表达意义的能力，以及在学习和使用语言的过程中形成的语言意识和语感”（教育部，2018b）。这个定义特别强调了“社会情境”，也就是说语言能力是在社会情境中运

用语言的能力，而不是单纯地掌握语言知识，也不是脱离语言使用情境的一些语言运用能力，比如补全句子或语篇的能力、转换句型的能力、纠错改错的能力。

《普通高中英语课程标准（2017 年版）》界定思维品质时指出，思维品质的发展有助于提升学生分析和解决问题的能力。也就是说，发展思维品质的目的也是为了提高学生分析和解决问题的能力。分析问题和解决问题能力的培养，离不开问题情境。显然，问题情境对思维品质的培养也是至关重要的。

《普通高中英语课程标准（2017 年版）》描述课程内容时指出，语言学习活动都应该在一定的主题语境下进行，即学生围绕某一具体的主题语境，基于不同类型的语篇，在解决问题的过程中，运用语言技能获取、梳理、整合语言知识和文化知识。可以看出，课程标准对课程内容的规定也突出了“语境”和“解决问题”。也就是说，课程内容的学习要在语境中进行，特别是要在解决问题的过程中完成课程内容的学习。

《普通高中英语课程标准（2017 年版）》把高中英语学业质量设置为三个水平。这三个水平是根据问题情境本身的复杂程度，问题情境对相关知识、技能、思维品质的要求以及问题情境涉及的情感态度和价值观念等进行划分的。每一级水平主要表现为学生在不同复杂程度的情境中，运用知识、技能以及各种重要概念、方法和观念解决问题的关键特征。显然，问题情境是学业质量标准的关键要素之一。问题情境既是检验学生学业质量的环境，也是衡量学业水平的重要参数。

《普通高中英语课程标准（2017 年版）》在“实施建议”部分指出，教师要通过设置问题情境，激发学生学习动机，引导学生在找寻问题答案的过程中，有机融合自主、合作和探究等学习方式，使学生在小组活动中完成信息整合、意义探究和交流表达。高中英语教材要着重提高学生用英语获取信息和处理信息、分析问题和解决问题的能力，注重提高学生用英语表达和思维的能力。可见，英语课程的实施也强调了“问题情境”和“问题解决”。英语学科核心素养的培养是在解决问题的过程中实现的。

从以上讨论可以看出，在界定英语学科核心素养、规定英语课程目标和内容、设置学业质量标准、倡导教学方法等方面，课程标准都强调了情境、语境、问题解决等重要概念。如果核心素养的关键点是解决问题的能力，核心素养的培养也是在解决问题的过程中实现的，那么就可以顺理成章地得出以下结论：核心素养的测评也应该强调问题和情境。也就是说，应该在问题情境中考查学生的学科核心素养。这一点在《普通高中英语课程标准（2017 年版）》的“学业水平考试与高考命题建议”部分也得到体现：设计试题时，要尽可能提供语义相对完整的语境，要尽可能使考试题型接近或类似现实生活中语言使用的实际情况；采用典型的听、说、读、看、写等任务及其综合性任务的形式，为考生提供运用语言和展示语言能力的机会。

笔者注意到，以上考试命题的理念在近几年的高考英语命题已有所体现。比如，2018 年英语高考全国卷在问题情境的设计上，既有需要考生进行真实的口语和书面交际的任务，也有需要考生发挥想象力和创造性的写作任务，体现了应用性和创新性的考查要求（教育部考试中心，2018）。

二、基于问题情境的考试命题理据

面向 21 世纪素养的课程与教学都强调真实情境对帮助学生获取核心素养的重要作用。因此，也应该尽可能地选用真实情境对 21 世纪素养进行评估（刘晟 等，2016）。

语言素养是 21 世纪核心素养的重要组成部分。语言是人们在学习、生活和工作中的重要交流工具和思维工具。语言只有在社会情境中使用才能体现其存在的价值。学习和使用语言都离不开情境。因此，对语言素养的评估，更应该选用真实情境。其实，在过去几十年里，语言测试领域的研究者一直在探讨语言测试的真实性问题（Shohamy et al.，1985；Spolsky，1985a，1985b；Bachman et al.，2010；Lewkowicz，2000；Richards，2015）。

虽然学界对语言测试的真实性问题还未完全达成共识，但一般都认为语言测试应该追求真实性，即语言测试中的试题应该尽可能接近考生在现实生活中需要完成的任务（Wu et al.，2001；Shin，2012）。真实语言测试的理论基础是基于表现的评价（performance-based assessment），即根据学生在完成真实任务过程中的表现来测量学生的学习结果（Richards，2015）。比如，如果要考查学生写求职信的能力，可以给学生提供一些招聘广告，让学生根据广告写求职信。

真实语言测试在语言测试界已经得到广泛的认可，而且已在一些重要考试中得以体现。比如，PISA 考试的阅读测试部分主要关注学生对阅读过程的掌握、阅读技能的运用以及在不同情境中灵活运用阅读策略解决实际问题的能力（乐中保，2008）。

语言测试不仅要选用情境，而且要尽量提高情境的真实性。测试情景的真实性是指考生完成测试任务的情景与现实生活中完成类似交际任务的场景的相似程度。情景的真实性很大程度上取决于任务的真实性。情景都是完成任务的场景，任务都是在一定的场景下发生、完成的，两者不可分割（黄大勇，2004）。

PISA 阅读考试就非常注重考试情境的真实性。PISA 考试的设计者认为，离学生最近的是个人的生活，因此，PISA 阅读测试特别强调要考查学生在现实生活中需要的阅读能力，强调要测量学生应用阅读知识和阅读技能解决生活中实际问题的能力。秉承这样的设计思路，PISA 阅读测试跳出了具体的课程知识内容的限制，测试的内容紧扣学生现实生活，测试试题强调问题情境的真实性（黄大勇，2004）。

近些年托福考试也有很大的变化。比如，听力部分最大的变化之一是彻底改变了以前由播音员在录音间录制听力材料的方式，取而代之的是模拟教授的真实授课场景以及校园中课堂内外学生、教授和学校有关工作人员之间的真实对话。这些听力材料对考生的听力能力提出了更大的挑战，有利于改变以往考生只熟悉标准发音而不适应真实生活场景的尴尬境况。此外，在传统选择题的基础上，新近托福考试还增加了多选题、录音回放题、匹配题、排序题、填表题等灵活多变的新题型（高见 等，2012）。

三、英语考试命题中问题情境的缺失

由于各种主观和客观因素的影响，在目前的英语考试命题中，基于问题情境的命题理念尚未得到充分的体现，基于问题情境的试题使用频率还比较低。

（一）试题形式的局限导致问题情境的缺失

基于问题情境的试题，通常给出一个具体交际情境以及需要解决的问题，学生需要根据情境的要求，获取并处理信息，解决具体的问题。这就对试题形式提出了更高的要求。近些年来，国内一些重要的英语考试已经开始尝试使用类似的试题，如根据录音摘录并填写信息、任务型阅读、概要写作等。但是，这类试题使用得还不够广泛。另外，一些传统的试题形式（如选择题和填空题等）仍然占很大比重，使得基于问题情境的试题难以发挥其应有的作用。下面我们结合几种题型进行讨论。

例 1

单项填空：从每题所给的 A、B、C、D 四个选项中，选出可以填入空白处的最佳选项。

She and her family bicycle to work, __________ helps them keep fit.

A. which　　B. who　　C. as　　D. that

例 1 是一道经典的旨在考查语言知识运用的单项选择题。这种分离式知识点（discrete point items）考试题型在语言测试发展历史中产生过重要的影响，其测试的语言知识也是语言学习者需要掌握的重要学习内容。但是，这种考试题在学界备受诟病，因为这类试题往往侧重考查学生对语言知识点的掌握情况，而不一定能够反映学生实际的语言运用能力（Shin，2012）。这种试题基本上没有情境（语境），也没有需要解决的实际问题，与现实生活中人们使用语言的情形有很大的差别。国外一些重要的考试已经不再使用这种试题了，但直到 2018 年，中国部分省市的英语高考仍在使用这种题型。

与单项填空题相似的完形填空题，虽然采用了相对完整的语篇，但也不能充分体现问题情境的特征。陶百强（2017）指出，在很多国外测试中已经消失的完形填空题型值得研讨，该题型立足语篇测试语言知识（词汇辨析能力），但词汇测试的广度囿于命题语篇而极其有限，且在理论上，该题型的认知—语境效度并不理想。

近几年开始使用的填空题和语法填空题（在短文中的空白处填入适当的单词或括号内单词的正确形式）主要是在语篇层面考查学生语法知识的运用能力。其优点包括：测试产出能力而非识别能力；短文语境限制了多个答案的产生；考生需使用所有语境线索来判断语法形式，意义在完成任务时发挥重要作用（张春青，2015）。应该说，与单项选择题和完形填空题相比，这类填空题的价值大一些。但是，该类试题同样也不属于基于问题情境的试题。考生的答题过程主要是解决语言问题，而不是解决涉及信息接收、处理和传递的问题。

短文改错题是近些年来英语高考一直采用的题型。如果作为练习题或阶段测验题，改错题有利于学生进一步巩固所学语法和词汇知识。但这种试题的情境不充分，也没有需要解决的问题，不一定能有效地反映学生的实际语言运用能力。另外，这种试题的期望后效并不理想。亓鲁霞（2017）的实证研究表明，短文改错题孤立地考查纠错能力，难以促成教学中将写作与纠错结合起来训练；另外，为了便于评分，保证考试信度，短文改错题以每行文字为单位设置考点，造成短文中的错误分布有规律可循，从而导致程式化的操练。

我们探讨以上考试形式的局限性，并不是完全否认这些试题存在的价值。在不同时期、不同测试目的背景下，这些试题可能有其特有的价值。但是，如果要考查学生借助英语分析和解决问题的能力，这些试题的局限性就凸显出来了。

（二）试题设计中问题情境的缺失

《普通高中英语课程标准（2017年版）》在“考试命题建议”部分指出，试题要求学生做的事情（答题）应接近或类似现实生活中人们使用语言来完成的事情。这体现了语言测试的真实性原则。语言测试中的真实性是指受试者在测试中使用目标语完成测试任务与其在现实生活中使用语言进行交际活动的相似程度，也就是语言测试与语言交际的统一程度（黄大勇，2004）。

那么，现实生活中人们使用语言进行哪些交际活动呢？现实生活中人们使用语言的目的是多种多样的，比如欣赏文学作品、通过创作抒发情感或自我反省、交流信息、再现生活经验等。但是，在更多的情况下，人们使用语言是为了做具体的事情，或完成具体的任务，或解决学习、工作和生活中的问题。遗憾的是，这些语言使用情形在英语考试中体现得还很不充分。

现在一些英语试题（如听力理解、阅读理解和写作题）已经涉及信息的理解、处理和传递等过程，但往往只是为了理解而理解，为了传递而传递。信息的理解和传递没有真实或接近真实的交际目的，也不是为了解决某个真实或接近真实的问题。下面结合两个例题来讨论这一问题。

例 2

阅读下面的短文，从每题所给的 A、B、C、D 四个选项中，选出最佳选项。

Find Your Adventure at the Space and Aviation（航空）Center

If you're looking for a unique adventure, the Space and Aviation Center(SAC) is the place to be. The Center offers programs designed to challenge and inspire with hands-on tasks and lots of fun.

More than 750,000 have graduated from SAC, with many seeking employment in engineering, aviation, education, medicine and a wide variety of other professions. They come to camp, wanting to know what it is like to be an astronaut or a pilot, and they leave with real-world applications for what they're studying in the classroom.

For the trainees, the programs also offer a great way to earn merit badges（荣誉徽章）. At Space Camp, trainees can earn their Space Exploration badge as they build and fire model rockets, learn about space tasks and try simulated（模拟）flying to space with the crew from all over the world. The Aviation Challenge program gives trainees the chance to earn their Aviation badge. They learn the principles of flight and test their operating skills in the cockpit（驾驶舱）of a variety of flight simulators. Trainees also get a good start on their Wilderness Survival badge as they learn about water- and land-survival through designed tasks and their search and rescue of "downed" pilot.

With all the programs, teamwork is key as trainees learn the importance of leadership and being part of a bigger task.

All this fun is available for ages 9 to 18. Families can enjoy the experience together, too, with Family Camp programs for families with children as young as 7.

Stay an hour or stay a week—there is something here for everyone!

For more details, please visit us online at www.oursac.com.

1. Why do people come to SAC?

A. To experience adventures.

B. To look for jobs in aviation.

C. To get a degree in engineering.

D. To learn more about medicine.

2. To earn a Space Exploration badge, a trainee needs to ______.

A. fly to space

B. get an Aviation badge first

C. study the principles of flight

D. build and fire model rockets

3. What is the most important for trainees?

A. Leadership. B. Team spirit.

C. Task planning. D. Survival skills.

例 2 是目前国内各类英语考试中典型的阅读理解题型。这类试题主要考查学生对大意和具体信息的理解能力，有时也考查推理和判断能力。但是，这种题型存在以下不足：未根据阅读材料的原始语境和目标读者对象的阅读目的来设计任务。以上试题选用的原始材料是太空宇航中心（Space and Aviation Center）的一份宣传材料。这份材料介绍了该中心的基本信息，但主要目的还是劝说人们到该中心去学习或培训。目标读者阅读这份材料时，可能从自身的角度做出反应，如：这是一份广告还是新闻报道？太空宇航中心的活动真的很有意义吗？这些活动以娱乐（fun）为主还是以学习（learning）为主？有适合我或我的家庭成员参加的活动吗？获得一些荣誉徽章有什么价值（材料用了大量篇幅介绍如何获得荣誉徽章，但并没有说获得荣誉徽章的价值）？

该题如果能根据原始材料产生的语境以及上述目标读者的反应来设计试题，那么就能在一定程度上体现基于问题情境的命题思路。

下面我们看一道 PISA 阅读考试的样题（笔者略做修改）。

例 3

from Arnold Jago

Did you know that last year we spent almost the same amount on chocolate as our Government spent on overseas aid to help the poor?

Could there be something wrong with our priorities?

What are you going to do about it?

Yes， you.

Arnold Jago，
Mildura

The letter above appeared in an Australian newspaper. Refer to the letter to answer the questions below.

1. Arnold Jago's aim in the letter is to provoke ________.

A. guilt B. amusement C. fear D.satisfaction

2. What kind of response or action do you think Arnold Jago would like his letter to prompt?

例 3 选用的原始材料是某报纸刊登的一封读者来信。第 1 小题考查学生对这封读者来信的目的的理解，第 2 小题则是问考生写信人希望读者做出什么反应或采取什么行动。虽然试题并没有直接问考生自己会采取什么行动，但至少是从读者反应的角度来设计试题的。另外，这道题的原文是典型的在问题情境中产生的语篇：你知道过去一年我们买巧克力的花销相当于政府在海外援助的总开支吗？我们优先考虑最重要的事情了吗？我们（你们）应该做点儿什么呢？这样的语篇不仅呈现了问题，而且还要读者做出反应或采取行动。在考试中适当采用这类语篇有助于提高语言测试与语言交际的统一程度。

该试题体现了 PISA 基于问题情境的测试理念。PISA 的设计者认为，人是在特定的情境下阅读文字材料的，不同的阅读情境会导致有差别的阅读活动。因此，PISA 的阅读测试试题十分注重试题的情境化和生活化，试题设计均以社会现实生活为设计框架，测验的内容均来自社会生活的各个方面，试题密切联系学生的自身生活实际，强调基于学生的直接经验，以真实的生活情境呈现问题（乐中保，2008）。

下面我们结合例题讨论写作试题中问题情境缺失的现象。请看以下两个例题：

例 4

假设你是晨光中学的机器人兴趣小组组长李津，你的美国朋友 Chris 就读于你所在城市的某国际学校，他曾在机器人技能竞赛中获奖。你打算邀请他加入你的团队，参加即将于 7 月底在本市举行的世界青少年机器人技能竞赛。请根据以下提示代表兴趣小组给他写一封电子邮件：比赛的时间、地点；邀请他的原因；训练计划将发送至其邮箱，请他提出建议。

例 4 这样的写作（书面表达）试题在国内英语考试中经常被采用。试题提供一个假想的情境和部分信息，学生根据所给情境和信息完成写作任务。应该说，这样的试题已经设置了问题情境。例 4 的问题情境是邀请一位朋友加入机器人兴趣小组并参加机器人技能竞赛。但是，学生需要解决的问题主要是根据所给信息完成一封英文书信，学生自己基本上不需要查找更多的信息，也不需要对信息进行处理，更不需要经历分析、推理、判断等思维过程。这样看来，例 4 中的问题情境不是真正意义的问题情境。下面我们再看一个例子：

例 5

青少年应该从小就学会辨别是非。有人认为，为了帮助小孩子辨别是非，惩罚是必要的。

你同意以上观点吗？你认为应该允许家长和教师使用哪些惩罚手段来教育孩子分清是非？

请你以普通读者为对象，就以上话题写一篇短文，回答以上问题并给出理由。

例 5 设计的问题情境是：有人认为，为了帮助小孩子辨别是非，惩罚是必要的。你是否认同这样的观点？应该允许家长和教师使用哪些惩罚手段来教育孩子分清是非？显然，要回答以上问题，学生不可能只是根据已提供的信息完成写作任务，而是要结合自己的知识、经验甚至情感态度进行思考和论证。这样的试题才有助于考查学生分析问题和解决问题的能力。

（三）试题材料缺乏问题情境

语言测试的真实性包括命题素材的真实性。近些年来，英语考试命题都比较重视选用真实、地道的语言材料，编造素材的情况已经很少见（单项选择题的题干、听力理解部分的短对话还存在编造现象）。有研究者指出，语言测试的真实性原则从命题素材或命题情境的选择就开始体现。英语测试也应依据真实的生活情境或素材，如招聘广告类命题素材不能缺乏简历投递截止时间和联系方式等真实招聘广告的必需元素（陶百强，2017）。近些年改革后的托福考试也力求体现测试的真实性，包括测试材料的真实性。所有输入材料都来自大学生课堂内外接触到的、真实情境下的地道英语。

但是，如果要考查学生分析问题和解决问题的能力，测试素材除了尽量真实、地道，还应该包含问题元素。也就是说，原始语篇素材是在什么问题情境下产出的？产出该语篇素材是为了解决什么问题？问题是否已经解决？请看例 6 的语篇素材（为节省篇幅有删减）。

例 6

I'm simmering with anger as the school wall is cleaned and repainted for the fourth time to get rid of graffiti. Creativity is admirable but people should find ways to express themselves that do not inflict extra costs upon society.

Why do you spoil the reputation of young people by painting graffiti where it's forbidden? Professional artists do not hang their paintings in the streets, do they? Instead they seek funding and gain fame through legal exhibitions.

In my opinion…

Helga

There is no accounting for taste. Society is full of communication and advertising. Company logos, shop names. Large intrusive posters on the streets. Are they acceptable? Yes, mostly. Is graffiti acceptable? Some people say yes, some no.

Who pays the price for graffiti? Who is ultimately paying the price for advertisements? Correct. The consumer. Have the people who put up billboards asked your permission? No. Should graffiti painters do so then?…

Sophia

例 6 是某道阅读理解题的原始素材，是某网站发布的两位网民关于涂鸦的意见。面对随处可见的涂鸦，Helga 强烈反对并表示谴责，而 Sophia 则表示支持。如果在考试命题中使用这样的素材，就可以把学生引入这一问题情境，并从分析问题和解决问题的角度来设计试题（任务）。

选用现实生活中的语言素材已经成为国外很多语言测试的重要趋势之一。比如，新托福考试的语言材料模拟了北美大学校园的学术气氛和生活氛围，语言纯正，贴近现实。考试要求考生具备准确理解主要信息、做课堂笔记、发表自己的意见和看法、完整地阐明自己的论点、妥善处理校园生活中遇到的各种情况等能力（高见 等，2012）。

目前很多英语考试听力理解和阅读理解部分过多地使用故事、短文类原始素材。这些素材往往不涉及或未提供问题情境，因而也不利于根据这些材料设计基于问题情境的试题。当然，我们并不是说考试命题不能使用故事、短文类材料，而是说不宜过多地使用这类材料。另外，如果试题能够提供故事、短文类材料产生的背景（特别是问题情境），就更便于设计基于问题情境的试题。

四、基于问题情境的英语考试命题建议

改革开放以来，我国各级各类的英语考试一直在不断变革、不断改进，为推动英语教育事业的发展做出了重要贡献。但是，新形势下，英语考

试面临新的挑战。核心素养背景下的英语教育需要有与之相适应的考试体系和考试命题理念与技术。前面我们已经讨论了基于核心素养的英语课程对考试命题改革的诉求、基于问题情境的英语考试命题的理据以及现有考试存在的一些局限性。接下来，我们对今后的英语考试命题提出几点建议：

第一，全面评估现有主要考试的试题形式在核心素养背景下继续使用的必要性，甄别出与核心素养理念存在明显偏差的题型（如语言知识运用单选题），研究取消这类题型的必要性和可行性以及可以替代这些题型的其他形式。进一步研究和改进目前已经使用的能力立意的考试题型（如任务型阅读、开放式书面表达），以凸显问题情境在测试学生核心素养水平中的作用，提高试题的真实性。

第二，借鉴国外重要语言测试采用的基于问题情境的考试命题思路（如 PISA 考试），研发和尝试使用符合我国国情的基于问题情境的试题形式。改革命题机制和体制，积极创造条件，如增加命题、审题以及实施考试所需要的人力和物力，以满足新的考试形式的需要。

第三，加强有关基于问题情境的命题技术研究。有些基于问题情境的试题仍然可以采用选择题、匹配题和判断题等客观题形式，然而为了切实考查学生分析问题和解决问题的能力，有必要采用一些非客观题形式。当然，采用非客观题又面临一些技术问题和实际操作问题，如评分标准的主观性、评分员的不可靠性、阅卷耗时过多等。学界和教育主管部门要联合开展相关研究，逐步解决这些问题。不能因为这些问题的存在而因噎废食，裹足不前。

第四，探索基于计算机的问题解决能力测评（computer-based assessment of problem solving，CBA-PS）的命题技术。CBA 情境中的问题解决能力测评不仅展示了计算机技术的突飞猛进，更重要的是体现了社会各界对学习者信息技术的基本要求。CBA 情境中问题解决的一个主要特征就是，学习者必须通过与计算机所提供的虚拟的、陌生的环境互动来了解、寻求、发掘相关信息，也就是说问题解决过程是寻找、获取和分析信息的过程。这一过程是概念、判断、推理等思维形式整合而成的综合认知过程，是类比问题解决或创造性问题解决过程（首新 等，

2017）。国外已经开始研究和尝试基于 CBA 情境的语言测试，比如，考生通过计算机网络与虚拟的交流者合作解决问题。

基于核心素养的英语课程改革的实施将恰逢高考外语“一年多考”制度的推出。实施基于核心素养的英语教育和推行高考外语“一年多考”都是国家层面推出的重大举措。理论上讲，二者的初衷和目的是一致的，并不矛盾。但是，在具体实施过程中，二者如何相互适应可能还会面临挑战。增加高考考试次数，有助于减少紧张、焦虑等因素导致学生发挥失常的现象，使学生有更多的机会发挥出他们的真实水平，还可以减轻学生平时英语学习的压力，使他们能以平常心对待英语学习，使英语学习从紧张的备考逐步转向英语学科核心素养的发展。但是，我们要认识到，“一年多考”也可能产生新的问题。比如，实施“一年多考”之后，为了帮助学生获得高分数，增加学生的复习和备考时间，学校也可能改变教学计划，将复习时间提前，加大模拟考试强度，相应地也给教师造成更大的教学压力（张卫，2016）。因此，在今后一段时间里，如何实施基于核心素养的英语教育以及如何开展基于核心素养的英语考试与测评，可能是英语教育界同仁需要研究和解决的一个重要课题。

第三节　英语高考改革对英语教学的影响

一、核心素养背景下的英语高考改革

《国务院关于深化考试招生制度改革的实施意见》(国发〔2014〕35号,以下简称《实施意见》)的发布标志着高考体制和机制的改革已经启动,并且引起了社会的广泛关注。外语科目的高考因为有可能率先实行多次考试和社会化考试，更是牵动了全社会的神经。由于高考在中国的特殊地位和作用，高考改革必然对社会的很多方面产生影响，而对基础教育阶段的课程设置和教育教学的影响则可能更广泛、更深远。

其实，在国家正式发布《实施意见》之前，关于英语高考改革的讨论就不断出现在各种媒体上，涉及的主要问题包括：高考究竟要不要考英语（或其他外语语种）？如果不在统一的高考时间进行英语考试或实行社会化英语考试，是否意味着英语不重要或国家对英语不重视？英语高考改革对学校的英语教育教学和校外英语教学可能带来哪些影响？英语高考改革对英语教师的职业前景是否会产生影响？虽然这些问题关注的重点不同，但彼此都有相互的关联性。比如，如果英语教育的重要性或受重视程度降低了，一线英语教师的课堂教学将面临极大的挑战，学生的学习积极性可能会降低，英语教学的可用资源可能会减少。

对于大多数一线英语教师来说，虽然他们也关心英语高考改革可能带来的方方面面的影响，但他们最关心的可能还是如何调整课堂教学以适应高考改革。也就是说，英语高考改革以后，如何帮助学生取得理想的考试成绩。

二、英语高考改革可能带来的宏观影响

从宏观层面上讲，高考改革可能导致学生对英语学习的重要性的认识以及他们在英语学习方面的动机、积极性和努力程度等方面发生变化，也可能导致英语教育教学环境和条件发生变化。这些变化可能是积极的，也可能是消极的。如果像教育部门所期待的那样，英语高考改革确实给

学生的英语学习带来积极影响（如减轻学生的学习负担、克服应试教育的倾向、增加考试的机会），那么改革将会给一线英语教师创造更有利的英语教学大环境和教学条件。英语教师可以更加大胆地进行教学改革尝试，可以在课堂上进行更多的语言实践活动，更加注重培养学生的语言运用能力。但是，如果英语高考改革被理解为“给英语降温”，那么改革不会像人们期待的那样产生积极的影响，而是产生消极的影响，如导致英语教育的重要性和受重视程度降低，学生学习英语的积极性降低，努力程度降低。如果这样，一线英语教师的教学将面临巨大的挑战：教学效果不仅不会提高，反而可能下降；教师的教学负担不仅不会减少，反而可能增加；英语教师的地位和职业前景将不容乐观。

2013 年下半年，关于英语退出统一高考以及部分省市拟降低英语高考分值的意见经各种媒体报道以后，引起了较大的社会反响。尽管媒体报道的是有关部门的征求意见稿，以及社会各界人士的观点，但这些都可能被认为是官方释放的一种信号，即英语教育并不是那么重要，或者不像我们以前认为的那样重要。在短短的一年时间之内，关于英语高考改革的舆论产生了以下几方面的影响。

第一，部分中小学校减少了英语教师的招聘数量，有的学校甚至暂停招聘英语教师。比如，2013 年年底，北京市关于英语中考和高考改革的征求意见稿刚刚披露，北京市的一些中学和小学立即开始调整英语课时数，调整 2014 年补充英语教师的计划。原本计划招聘英语教师的学校，突然宣布不再招聘或减少招聘数量。这一变化直接影响了当年高校英语专业毕业生的就业情况。

第二，中学和大学的英语教师开始为今后的工作感到担忧。如果英语退出统一高考，很有可能导致英语的重要性被人为地削弱，学生学习英语的积极性会大幅度降低，教育行政部门和学校对英语的重视程度也会降低。学校对英语教师的需求将明显减少，英语教师的地位和价值也将被削弱。

第三，高中毕业生报考英语专业的积极性明显降低。2014 年高考录取工作结束时，不少学校反映，报考英语专业的学生人数明显减少，最后录取学生的平均分较往年也有所降低，英语专业第一志愿录取比例也有所下降。

第四，高考改革不仅影响中学生的英语学习，也影响高校在校学生的英语学习。英语退出高考的传闻使高校英语专业学生开始对所学专业的前景感到担忧，而师范院校英语专业的学生更是担心自己将来毕业时能否找到教师岗位的工作。非英语专业的大学生也开始怀疑自己是否要花大量时间来学习英语。有的学生说，将来高考都不考英语了，现在也没有必要学习英语了。笔者所在学校还出现了以下情况：在读大学生申请从非英语专业转为英语专业的人数明显减少。

第五，英语培训行业表现出高度的热情。如果英语高考改革最终导致英语的重要性被人为地削弱，国家对英语教育的投入就可能会减少，学校体制内的整体英语教育资源就会减少，学生对英语教育的需求可能得不到满足。一些愿意学习英语且具备一定经济条件的学生会选择英语培训机构，这会给英语培训市场带来更多机会。

不管高考改革对学生的英语学习带来的影响是积极的还是消极的，英语教师都需要做好思想准备。如果高考改革给英语教育教学带来积极的影响，对于英语教师来说，也绝对不是万事大吉。因为学生对英语学习可能有更多、更高的需求，比如更合理和更灵活的课程设置、更丰富的学习内容、效率更高的课堂教学方式与方法。教育行政部门、社会、家长对英语教育的期望值可能更高，这就要求英语教师不断改进英语教学方法，不仅课堂教学要真正培养学生的实际语言运用能力，同时还要确保学生在英语考试中取得好成绩。这样，以往偏重应试教育的做法可能就不能适应学习的需要了。

如果出现事与愿违的情况，即高考改革给英语教育带来了消极的影响，那么教师则面临更大的挑战。如果考试改革导致学生学习英语的积极性和努力程度降低，教师可能需要在教学上投入更多的时间和精力，也需要有更多的办法来激发和保持学生的学习积极性。如果英语教育受重视程度降低，国家、学校和社会在英语教育方面投入的资源可能减少，英语教师可利用的资源将得不到保证，教师的工作环境和条件将得不到改善。如果实行社会化考试和多次考试，学生可能把更多的时间和精力投入到考试和社会英语培训中，学校正常的英语教育教学可能受到冲击。

这样，英语教师就需要通过更有吸引力的课堂教学把学生“留”在课堂。同时，教师还要研究如何保证正常的课堂教学与社会化考试的契合度，使学校的课堂学习能够帮助学生在社会化的考试中取得理想的成绩。

三、英语高考改革可能带来的微观影响

从微观层面来看，英语高考改革可能带来考试内容和形式等方面的变化。这些变化对教师的课堂教学将会产生直接的影响。不少一线英语教师经常提出这样的问题：英语高考改革以后，英语课堂教学应做何调整？要回答这个问题，首先要弄清楚几个相关问题：英语高考改革究竟要改什么？是制度的改革还是内容的改革？是形式的改革还是命题技术的改革？

如果高考改革只是制度和组织形式上的改革（如多次考试、社会化考试），而在考试目的、考试内容和考试形式等方面没有大的变化，那么，从理论上讲，教师的课堂教学不需要做太大的调整。我们可以打个比方：现在健康医学检查和体质检查的方式越来越多，而且总是在不断更新（比如使用红外线量身高），但我们健身强体、预防疾病的方式可能还是一些常规的方式，比如多做户外运动、注意饮食、劳逸结合等。即使健身强体、预防疾病的方式发生变化，但这些变化并不是为了适应健康医学检查和体质检查方式的变化。同理，如果考试的目的、内容、要求等没有太大的变化，只是组织形式、考试次数发生变化，那么教师还是要坚持既有的做法。当然，这里有一个前提条件，那就是教师既有的做法与考试的目的、内容和要求有较好的契合度，而且是科学、合理、有效的。如果教师既有的做法本来也不能满足合理的考试需要，那么教师也应该探索改变或改革。需要指出的是，正如上文所述，考试制度和组织形式可能对整个英语教育产生直接或间接的影响，这些影响（如学生的学习积极性和努力程度的变化）也可能对教师的课堂教学带来挑战。

如果在考试制度和组织方式发生变化的同时，考试内容、考试要求等也发生了变化，那么教师就需要特别注意了。比如，如果考试增加了考试内容，课堂教学就需要涵盖新的内容。考试增加的内容可能是结构性的（比如从不考听力到考听力的变化、从不考写作到考写作的变化），

也可能是非结构性的（比如阅读理解部分对阅读技能的涵盖情况或考查重点的变化）。如果考试内容发生结构性的变化，英语课程设置、教材和课堂教学等都必须有相应的变化。如果出现非结构性的变化，那么教师需要认真研究试题究竟有哪些变化。

需要特别指出的是，“考什么就教什么，不考就不教”的思想和做法是不正确的。有些省份的英语高考不考听力和口语，但这绝对不意味着课堂上不需要进行听和说的活动。英语课堂上听和说的活动，并不只是为了练习听和说的能力。听和说的过程既是练习听说技能的过程，也是学习英语语言知识的过程，同时还是读写活动的前序或后续活动。比如，很多英语语言知识是通过听的方式来接触和学习的，而很多语言知识的内化也需要通过口头表达的方式来实现。

现在的英语高考试题中直接考查语法和词汇的试题有减少的趋势，这也并不意味着词汇和语法不重要。听、说、读、写等技能的培养必须有词汇和语法方面的基础。考试内容是抽样的，不可能考查学生学习过的所有内容。再打个比方：我们体检时检测的内容（血液等）并不是我们身体的全部，也不是我们在饮食过程中直接汲取的营养成分。同理，考试检测的不是学习的全部内容，也不一定是学生直接学习的内容（如词汇和语法）。所以，有些内容在考试中没有直接体现，并不意味着教学中不需要重视这些内容的学习。同时，也要注意防止另外一种倾向，即以词汇、语法等语言知识的重要性为借口，单纯进行语言知识的教学，而忽视语言实践活动。

很多一线英语教师非常关注考试题型的变化。每出现一种新的题型，就会出现研究该题型的热潮，随之出现大量的针对该题型的练习题和模拟题。出现新的考试题型时，学生确实需要一个熟悉该新题型的过程，可以在考试之前略加模拟，但切不可以花太多时间做模拟题。第一，学生完成某种考试题所需要的知识和能力是多方面的。这些知识和能力的学习需要通过多种渠道、使用多种材料来实现。单纯做模拟题显然达不到这个目的。第二，试题的价值在于检测学习结果，试题本身的教学价值十分有限。比如量身高能够帮助我们了解身高的变化情况，但量身高本身并不能让我们长高。同理，考试帮助我们了解学习的情况，但反复考试并不能让我们的知识和能力有明显的增长。第三，命制试题需要很强的专业知识。如果不接受专业训练，一般的英语教师很难命制科学、合理的英语试题。现在很多英语考试模拟题并非专业人士设计的，其信度和效度都没有保障。花太多时间做这样的模拟题，不仅浪费宝贵的时间，而且还可能在考查要点、试题立意等方面误导学生和教师。

四、如何应对英语高考改革可能带来的影响

分析英语高考改革可能给英语教育教学带来的影响，有利于教师充分认识面临的挑战。除了做好思想准备，英语教师还应该采取一些具体的实际行动。以下建议供大家参考：

第一，英语教师要全面、正确把握英语课程的理念，以课程目标、课程内容和教学要求为教学实践的依据，切实提高平时课堂教学的科学性和有效性，着重培养学生的英语语言运用能力。尤其是要把重心从备考转向平常的教学。健身强体、预防疾病的关键不在于反复进行健康检查和体质检查，而在于平时的体育锻炼和合理饮食。提高学生英语考试成绩的关键不在于以做题、讲题为主的备考，而在于科学、合理地设计和实施平常的课堂教学。

第二，英语教师要不断更新专业知识，提高英语教学能力。随着英语教学研究的发展，人们对英语学习、英语教学的一些关键问题的认识也在不断加深，也提出了一些更有效、更合理的教学途径和方法。英语教师要通过各种途径了解英语教学研究的进展，尝试使用新的教学途径和方法。同时，教师还要不断提高自己对英语语言、英语国家文化的认识，尤其是要了解语言使用的变化。这样，教师才能满足新时期学生对英语学习的要求和期望。

第三，即使是备考，也要科学、有效地备考。教师要认真研究考试究竟考了什么。不少教师往往过多地关注考试题型，而对考试实际考查的内容不够重视，或者一味强调试题涵盖的语言知识，而不是试题考查的语言运用能力。很多英语教师在教学中仍然花大量的时间讲解语言知识点，而不够重视语言运用能力的培养。他们认为英语考试主要还是考查英语语言知识。其实，从目前的情况来看，英语考试越来越注重对语

言运用能力的考查，单纯考查知识点的试题越来越少。

第四，英语教师要正确认识和把握学与教的关系。从本质上讲，语言是学会的，不是教会的。在英语教学的过程中，教师的重要作用不可忽视，但关键还在于学生自己的学习。教师需要创造条件，使学生能够大量地接触、体验和感知语言，在语言实践活动中积极尝试使用语言，内化语言知识，发展语言运用能力。

总之，英语高考改革的目的是使考试更加科学、更加合理，对教学起到更好的导向作用。同时，考试改革也要求我们把英语教学做得更好。毫无疑问，这将给英语教师带来更大、更多的挑战。英语教师应以此为契机，在做好英语教育教学工作的同时，促进自身的专业发展。

注：本章第一节的部分内容曾以《英语学科核心素养及其测评》为题发表于《中国考试》2017 年第 5 期。第二节的部分内容曾以《基于问题情境的英语考试命题理念与技术》为题发表于《中国考试》2018 年第 12 期。

第七章 核心素养下的小学英语教学

自2001年教育部要求积极推进小学英语课程以来，我国的小学英语教学在很多方面取得了令人瞩目的成绩，小学生的整体英语水平有了明显的提升，小学英语教师的教学和研究能力也有很大的提高。小学英语教学已经成为基础教育阶段英语课程的重要组成部分。虽然目前基于核心素养的课程改革主要是在高中阶段，但是其影响已经覆盖小学和初中阶段。很多小学英语教师已经开始探索如何在小学阶段实施基于核心素养的英语教学。

本书前面的大部分章节探讨的问题以及介绍的教学建议和案例主要涉及高中阶段的英语教学，部分内容也适用于初中阶段的教学，但基本上未涉及小学。为了满足小学英语教师读者的需要，本书特别安排一章，探讨核心素养背景下如何有效开展小学英语教学。

第一节　小学英语教学的基本理念

与中学阶段英语课程一样，小学英语课程也应该充分体现英语课程的工具性和人文性的双重属性。教学内容的选择和教学活动的设计都应体现英语学习的持续性、渐进性、实践性等特征。小学英语教学尤其要充分考虑儿童身心发展的特点和需求。教学活动应使学生积极尝试体验、实践、感悟、探究等学习方式，在发展语言能力的同时培养文化意识、思维品质和学习能力。小学英语教学应力求创造良好的语言学习环境，使文化意识、学习能力、情感态度和价值观的培养渗透在语言学习的全过程之中，力求体现素质教育的思想。

小学英语教学的基本理念源于小学生学习英语的客观规律。小学生学习英语与中学生、大学生学习英语有很多区别。小学生最大的特点是好奇心强，对新鲜事物特别感兴趣，求知欲望也特别强烈，容易对英语产生兴趣。小学生喜欢动脑、动手、动口，他们的心理活动常处于主动活动的状态，喜欢在轻松愉快的气氛中学习。但小学生注意持久性较差，形象思维占优势，抽象思维和逻辑思维能力相对较弱。小学英语教学应充分考虑到这些特点，突出各年龄段学生的学习特点，注重从孩子的生活经验和认知水平出发，在内容的安排上注意由近及远、由表及里、由浅入深，符合孩子的认知水平和情感的需求。小学英语教学的话题应与学生日常生活密切相关，通过情境引入，有利于学生即时练习和使用新学的语言知识。根据学生的年龄特点和认知规律，小学英语教学可以选用小学生喜爱的故事、短文、歌谣、对话等作为语言材料。特别是有情节的故事绘本，更有利于培养学生的兴趣。绘本中活泼可爱的动物和与小学生年龄相仿的儿童，容易激发学生学习的兴趣和动机。课堂活动以学生活动为主，采用听、说、做、唱、玩、演等活动形式，能够激发学生的参与感，保持其学习兴趣。

小学英语教学应特别注重培养学生的兴趣和成就感，帮助学生建立学好英语的自信心。小学生学习英语能否取得成功，很大程度上取决于学习兴趣。培养小学生对英语学习的兴趣，主要通过教学内容的设计和教学活动的安排来体现。因此，小学英语教学可以选取内容丰富、趣味性强的故事作为主要学习材料，设计丰富多样的教学活动，力求激发学生对学习英语的强烈愿望，使他们喜欢学、乐于学。学习兴趣的保持在很大程度上取决于学习效果，取决于他们能否获得成就感。因此，小学英语教学应设计多种浅易而富有情趣的活动，鼓励学生积极参与，大胆实践，体验成功，使学生产生成就感并建立自信心。

小学英语教学应注重通过大量的语言实践活动，使学生形成初步的英语语感，打好语音语调基础，形成用所学英语进行交流的能力，养成良好的学习习惯，为中学阶段的英语学习打好基础。同时，通过英语学习，进一步丰富思维方式，发展思维能力，促进心智发展。

小学英语教学应从儿童的心理和生理发展特点出发，让学生在体验和实践中进行学习，通过积极体验、参与、实践以及主动地尝试与创造，使认知能力和语言能力得以发展。小学英语教学可以通过听做、说唱、玩演、读写和视听等多种活动方式，培养学生的兴趣、形成语感、发展思维和想象力，从而促进语言学习。

小学英语教学在内容的选择、活动的设计等方面，充分考虑学生人文素养发展的要求。教学中选用的故事、短文、韵文尽力渗透思想品德教育、价值观教育，尽量丰富学生的各种文化知识，培养综合人文素养。

小学英语教学应有完整的配套资源，使教学内容丰富多样且具有灵活性。小学英语教材有学生用书、教师用书、磁带、卡片、挂图、多媒体课件等配套教育资源。教材应提供可选做的活动，使其充实而又有弹性。教师可根据实际情况使用教材的基本部分，也可以加上附加活动（附加活动主要以游戏的形式出现）。

第二节　小学英语教学中的常见问题

英语课堂教学是培养学生综合语言运用能力的主要场所。对我国学生来说，课堂是接受外语输入的最主要场所，对部分学生甚至是唯一的场所。课堂还是学生接受学习策略培训、学习行为评估的重要渠道（束定芳，2014）。因此，课堂教学在学生英语学习过程中起着重要作用，对学生发展语言运用能力、思维能力，乃至提高其综合人文素养都具有重要意义。

近些年，笔者参加了国内部分地区的小学英语课堂教学调研与指导工作，参与了备课、磨课、听课、评课等活动。通过调研发现，大多数小学英语教师都能充分意识到课堂教学的重要性，并且能为课堂设计内容丰富、形式多样的学习活动。但是，我们也发现部分英语课堂并未充分发挥其应有的作用，在教学目标、教学内容、教学活动、教学资源、教学用语等方面仍存在一些突出问题。

一、教学目标的问题

《义务教育英语课程标准（2011 年版）》明确提出，“义务教育阶段英语课程的总目标是：通过英语学习使学生形成初步的综合语言运用能力，促使心智发展，提高综合人文素养”（教育部，2012）。这一总目标不仅体现了英语学习的工具性，也体现了英语学习的人文性。学生在英语课堂上不仅学习英语，还要学习其他方面的知识，发展思维能力，通过英语学习形成积极的情感、态度和价值观。但在观察当前小学英语课堂教学时，我们发现，教师在教学目标设置方面仍存在一些突出的问题。

（一）注重语言目标，忽视主题和内容方面的学习目标

英语课程的目标是多元的。Richards（2001）把外语和第二语言课程的目标分为语言目标和非语言目标。语言目标主要是语言知识和语言技能（包括语言运用）等方面的目标，非语言目标是指超越语言的目标。比如，学生在课堂上学习英语，不仅要学习英语语言知识和发展语言技能，还要

学习其他方面的知识与能力，其中包括一般知识（对世界的认识）。根据我们的观察，小学英语课堂教学往往只注重语言目标，对非语言目标不够重视，特别是忽视一般知识方面的学习目标。目前大多数英语教材的单元都围绕某个主题来设计，教材中包括很多围绕该主题的内容知识。但是，很多教师在设置教学目标时不能给予这方面知识足够的重视。某节课的题目是“What is nature？”，一位教师为该节课设置的教学目标是：

（1）能听懂并正确理解课文内容，能正确模仿录音读课文。

（2）能听懂、会说“How is the weather in…？”及答语，询问天气状况。

（3）能认读单词 become、ice、below、degree、zero。

以上教学目标主要包括理解和朗读课文，会使用相关句型询问天气，会认读重点单词，但未涉及其他方面的目标，关于一般知识方面的目标只字不提。但是，这节课的题目是“What is nature？”，教材内容涉及自然的相关知识，如四季的变化以及水、雨、冰、雪之间的转变等自然常识。虽然这些不一定都是新知识，但课堂教学也应该包括这方面的学习目标。如果完全忽视这些目标，那么课堂教学将只有语言，没有内容。相比之下，以下这节课的教学目标就相对比较全面（该节课的题目是“What will you be in the future？”）。

（1）通过观察主题图、听录音回答问题等方式，使学生能够理解课文内容。

（2）学生在理解课文内容的基础上，通过听录音跟读、教师带读等方式能够达到正确、流利、有感情地朗读课文。

（3）学生能够根据教师创设的采访他人 future job 及相关内容的情境，运用“What will you be in the future？”“What do you want to be？”“Will you be a…in the future？”及“What do you need to do to become an engineer？”与他人交流职业理想及如何实现职业理想。

（4）通过对本课内容的学习，学生结合自己的实际情况谈论他们的爱好及职业理想，让学生感悟在实现理想的道路上必须付诸实际行动。

以上目标涉及英语语言知识、语言技能，还包括语言运用，特别是用语言来做什么事（与他人交流职业理想及如何实现职业理想）。另外还有关于对职业理想的认识与态度的目标。这样，这节课在主题和内容方面就有了比较明确的目标。

（二）教学目标未充分体现英语课程的人文性

《义务教育英语课程标准（2011 年版）》也明确提出教师应在教学中综合考虑语言技能、语言知识、情感态度、学习策略和文化意识五个方面的课程目标（教育部，2012）。但在实际的教学活动中，教师经常忽视思维发展、情感体验方面的目标。比如，某节课的主题是“Charlie's chores”，教师设置的教学目标是：

（1）能够借助图片听懂小故事，提取有关家务劳动的信息。

（2）能够在图片的帮助下理解、说出有关家务事的词组，如：polish the shoes、dust the furniture、take out the trash 等。

（3）能够初步运用功能句型“I have to…because…”就自己做家务的基本情况和理由进行简单交流。

该案例中，教师将教学目标集中设置在语言知识和语言技能方面，如说出有关家务劳动的词组：polish the shoes、dust the furniture、take out the trash 和运用功能句型“I have to…because…”等，学生只积累了语言知识，却得不到情感升华。如果教师能加入让学生养成勤做家务的习惯的情感态度目标，让学生体会到劳动的快乐和意义，增加教学目标的人文性，教学效果可能会更好。此外，由于情感态度和价值观目标本身就比较抽象，很难对目标的实现和教学效果进行检验。在制定该目标时，教师们常模糊地一语带过。比如在某节小学英语课的情感目标制定中，教师认为本课的情感目标为“通过课文的学习，培养学生在人际交往中乐于助人的意识与精神”。但在课堂上，教师很难检测学生通过学习是否具有了助人为乐的意识和精神。这个目标制定得过于笼统抽象，难以在课堂中得以实现。因此，教师可以在更为具体的教学目标的指导下，在教学过程中拓展相关情境，渗透乐于助人的情感，观察学生的情感态度和行为，培养其乐于助人的精神和意识。

（三）教学目标定位不准确

教师在设置教学目标时既要参考课程标准对相应学段提出的目标要求，也要考虑学生的实际水平，包括认知水平和已有的语言水平。但现实中，教师在设置教学目标时定位不准的情况很多。有的教师把目标定得太高，比如，有的教师要求小学三年级学生在故事教学的第一课时就能读懂故事、表演故事和创编故事；有的教师把目标定得过低，比如，有的教师要求学生在一节课只学习 4 ～ 5 个生词，有的教师在一节课只教授 2 ～ 3 句问候语。

二、教学内容方面的问题

如果教学内容不合理，再合理的教学环节和教学活动也无济于事（程晓堂，2016）。纵观优秀的课堂教学，尽管教师的教学风格迥异，但他们对教学内容都有着较强的把控能力。他们善于分析文本，挖掘有限的教材资源，利用学生已有的知识，选择适合的教学内容，让课堂教学变得丰盈充实，不但让学生在课堂上有话可说，而且还能生成一定的语言。然而，有些课堂的教学内容存在容量不足、重难点不突出、层次不清等问题。

（一）课堂容量不足

通过课堂观察，我们发现不少课堂的容量不足，造成课堂教学内容单薄、教学容量不饱满等问题。如在小学六年级某节主题为“介绍美国学校特点”的英语课上，教师将教学内容表述为：

（1）学生能从方位、出行方式、校园环境、体育运动、课后活动等方面来介绍学校。

（2）学生利用思维导图，获取信息，掌握有效的学习策略。

（3）运用“What's so special about…？”来较准确地表达一个学校的特点。

从上述案例来看，该教师从多个方面介绍了美国学校的特点，很好地完成了本课时的基本教学内容。但整个教学内容也局限于此，没有在基本教学内容的基础上进行拓展延伸，未给予学生语言拓展和文化体验的机会，学生的思维能力也未能得到发展。从实际教学可以看出，学生的潜能未能得以充分发挥。在这样的课堂上，教师可以让学生尝试讨论中国和美国学校的区别，或者利用一个简短的关于美国学校的语篇做拓展阅读，充分给予学生文化体验和语言运用的机会。

（二）对教学重难点把握不准确

所谓教学重点，就是教材中最主要、最关键、最基本的内容。教学难点则是指学生难于理解、难于掌握的内容。需要注意的是，虽然重难点可能存在关联性，但重点不一定是难点，难点也不一定是重点。通过课堂观察和课例分析，我们发现有些教师常常将二者等同起来，导致教学重难点不突出的情况。如在某节小学英语课上教师就将重点和难点确定为：

教学重点：当学生遇到困难时如何用礼貌的语言进行求助及感谢，如—Would you mind opening the door for me, please? —Sure. No problem.。

教学难点：当学生遇到困难时如何用礼貌的语言进行求助及感谢。

在这节课的教学中，该教师将教学重点和难点都确定为"当学生遇到困难时如何用礼貌的语言进行求助及感谢"，这样的做法不太妥当。教学难点应是学生在学习和掌握教学内容的过程中可能遇到的困难。或许将教学难点确定为"能在合适的情境中正确使用would you mind doing..."更合适。

此外，有的教师确定的重点和难点过于笼统，导致重点和难点凸显不出来。如有的教师把"在实际语境中使用语言进行问路及指路"确定为教学重点，却未能将具体使用何种语言进行问路及指路表述出来。有的教师不能正确地确立教学的重难点，将"能够背诵课文"作为教学重点，将"能正确认读单词和能流利地朗读课文"作为教学难点，但显然背诵课文不是教材中最主要最关键的部分，使用重点句型进行真实表达比单纯朗读课文更难。

（三）教学内容缺乏层次性

英语教学内容具有一定的开放性和动态性，是教师根据具体的教学目标和教学情景对教材内容进行教学法处理的种种结果（俞红珍，2005）。由此可以看出，教学内容具有动态生成的特点，它不是固定的、一成不变的。但教学内容的动态生成绝不是随机的，它具有很强的层次性和逻辑性，需要教师的层层铺垫和步步引导。目前，很多教师在教学时往往忽略了教学内容之间应具有的层次性，导致了新旧知识无法有效衔接。比如某节小学英语课上，最后一个教学活动是让一个学生描述动物，让其他学生去猜测，其中涉及许多身体部位的英语表达，然而这些表达方式在前面教学中并未充分地给学生铺垫。学生在猜 giraffe 时说了 small eyes、a long tail，而其最典型的特点 a long neck 却因为前面的教学中尚未教授而不能准确地进行表达。学生在该教学活动中，或多或少都会因为语言知识的不足遇到一些困难，不能自然、完整地描述每一个动物。因此，教师在教学过程中应重视教学内容安排的层次性，在特定教学环节之前充分地传授新知识和激活学生已有的知识，做好铺垫，确保教学内容之间的连贯性和逻辑性。

三、教学活动设计与实施中的问题

一堂高效活泼的英语课就像一部优秀的小说，有着舒畅自然的铺垫，环环相扣的情节发展，激情澎湃的高潮，还有着令人回味无穷的结尾。有经验的教师通常都有自己成熟稳定的教学活动和步骤，并能合理安排时间。然而课堂教学中存在导入环节与课文关联性不强，教学活动缺乏真实情境和交际目的，教学活动时间安排不合理等问题。

（一）导入环节未能发挥应有的作用

导入环节的目的是把学生的注意力吸引到课堂上来，为后面的学习做好心理准备，奠定良好的教学基础（孙菊如 等，2018）。有效的导入既能使学生从喧闹的课间休息回到课堂上来，进入英语学习的氛围，也可以为开展新课教学做好铺垫。但在导入环节，课堂经常出现导入环节与单元（课文）主题关系不密切、过渡不自然、过于程式化的问题。如某节课的主题为“形状”，教师以询问天气的“What's the weather like today?”作为导入语，与课文内容没有联系，也没有为接下来的学习做好铺垫，只是一种程式化的问候。再比如，以“未来生活”为主题的一节课，教师把保护地球的视频作为导入，但该视频的内容与课文内容的联系也不够紧密。以下是某节课的导入环节，教师与学生互动如下：

教师：What's my favourite colour? Can you guess?

学生：Red/pink…

教师：Yes, you are right. My favourite colour is pink. You see I'm wearing a pink sweater today.

在这个环节，教师让学生猜她最喜欢的颜色，但是这节课的主要内容是数字。之后的教学环节与颜色也没有关联性。

（二）教学环节之间缺乏逻辑联系

除了导入部分与课堂主要教学环节之间需要有关联性，课堂的其他各环节之间也需要建立逻辑联系。如果各教学环节之间缺少相应的知识联系和过渡，相关知识点就会显得很琐碎，教学效果也会受到影响。有些教师在设计教学活动时，只关注教学环节的设计，没有考虑环节间的内在联系，导致学生新旧知识联系不起来，教学任务也难以完成。比如某教师在主题为“What do you want to be？”的课上，介绍主人公的梦想后，直接让学生采访身边同学的梦想，然后向全班同学分享自己的梦想。三个活动之间无任何过渡衔接。学生没有足够的知识储备，短时间内很难完成这些学习任务。但如果先让学生思考自己的梦想并写下来，然后让他们在全班访谈几位同学，制作一个梦想表格，最后让学生对自己采访的结果进行一个口头汇报，通过完成一个一个的小任务，层层递进，最终完成一个大任务，这样教学环节之间的联系就会变得更加紧密，教学过程也会变得更有层次和逻辑，教学效果也会得到显著提升。

（三）教学活动缺乏真实情境和交际目的

语言总是在一定的情境中使用的。大多数英语教师都能结合教学内容和教学目标设置教学情境。但是，在日常教学中教学活动情境创设往往与现实生活联系得不够紧密。学生无话可说或不感兴趣，也没有在真实的情境中接触和体验语言的机会，无法更好地掌握语言形式及其含义（程晓堂，2009）。如在某节小学英语课堂中，教师创设了这样一个情境来学习 turn on 和 turn off 的含义。

T：It’s getting dark. I can’t read the book. Let’s turn on the light.

显然这个情境创设得不够真实，除非教学时确实临近天黑，可以直接通过打开和关闭教室里的灯来展示 turn on 和 turn off 的含义，不然学生会觉得莫名其妙。再如在操练“Would you like to have some…？”这个句型时，教师创设了一个“the big new fridge”的情境，冰箱里有各种各样的果汁，如 apple juice、orange juice、peach juice、grapes juice

等，也有 cake、coke、ice cream、fish、yogurt、chocolate 等其他食物。但该教师未意识到的是“Would you like to have some…?”句型中，不是任何一个名词都可以与之搭配的，比如“Would you like to have some fish?”这句话通常是在点餐或就餐时使用，而很少从冰箱里拿出鱼来吃。因此，该情境创设缺乏真实性，不利于学生进行语言学习。

此外，有些教学活动毫无交际目的，缺乏真实情境。如教师在盒子里放一些图片，这些图片代表相应课程。学生从盒子里抽取图片，并进行如下对话。

A：Will you take ________ lessons？

B：Yes, I will. / No, I won't. I'll take ________ lessons.

在该例子中，教师要求学生根据规定句型编创对话，对话内容被教师提前做成卡片，限制在特定句式中。在这样的教学活动中，学生毫无与同伴进行真实交际的可能，整个对话都在教师严格的控制之下，学生失去了与同伴真实交流讨论的机会。

（四）教学活动时间安排不合理

每节课的时间是固定的，但各教学环节所占的时间是不定的。教师应在课前根据教学目标和学生的学习情况进行合理安排，并在课上根据实际情况灵活地进行调整。然而，很多教师往往忽略合理安排教学活动时间的重要性。例如，有的导入活动设计得太繁琐或内容太难，花费时间过长，导致后面的教学任务完不成；也有的教师在拓展环节设计太多教学活动，花费太多时间，为了完成教学任务，每个活动匆匆而过，未能真正实现教学目的；还有的教师课堂教学时间安排得过于饱满，占用学生课间休息的时间。

此外，教学活动时间安排不合理也体现在教学活动中教师所占的活动时间多，学生所占的活动时间少。比如，在某节主题为“It's not easy being a kid.”的英语课上，学生说妈妈总是让他“play the piano”，话还没说完，教师立即纠正道“You must do it.”。还有学生说喜欢“play games”，教师随即评判“Video games are bad, and you should listen to your mom and dad.”。显然在这个教学活动中，教师过多地占用了学生活动的时间，未给学生进行充分语言表达的时间和机会。

四、教学资源使用中的问题

《义务教育英语课程标准（2011 年版）》指出，英语课程资源包括英语教材以及有利于发展学生综合语言运用能力的其他教学材料、支持系统和教学环境等，如音像资料、直观教具、实物、多媒体软件等（教育部，2012）。现如今在英语课堂中，可供教师选择利用的教学资源十分丰富，教材、直观教具、多媒体软件乃至课堂本身都是富有价值的教学资源。对课堂进行观察和课例分析时，我们也发现如何高效利用这些丰富的教学资源成为广大英语教师面临的难题，具体表现为教师未能合理运用现代化教学资源、未能辩证地使用教材资源和未充分利用课堂的生成性资源等。

（一）未能合理运用现代化教学资源

近些年来，随着计算机和信息技术的不断更新和发展，信息技术在英语教学中的应用形式越来越丰富，范围越来越广，融合深度不断加强（程晓堂，2018）。但教师必须清醒地意识到，计算机和信息技术等现代化教学资源只是教学的辅助手段，在使用时须谨慎适度。在实际教学中，小学英语课堂出现了教师与学生的互动全由多媒体包办、教师一味地追求课件的美观和新奇而出现了过度依赖多媒体的现象。如在主题为“What's the weather like?”的小学英语课上，PPT 中呈现北京四季鲜明的图片，图片均为卡通图片，且一些图片与事实不符。在介绍昆明的季节时，教师使用的季节图片都很相似，无法区分不同季节，未能达成预期的教学效果。此外，也有的教师在课堂中不加甄别地使用各类视频、音频，扰乱正常课堂教学秩序，影响学生学习。如在某节小学英语课上，教师利用一段视频介绍自己的家乡，然而该视频没有文字也没有声音，而且播放速度很快，学生可获取的信息很少，实际得到的教学效果十分有限。

（二）未能恰当地使用教材资源

教材是教学内容的载体，是教师的教和学生的学之间沟通的媒介。长期以来，教材都被看作教学的出发点、内容和依据，受到教师的重点关注。遗憾的是，一些教师未能正确地利用教材，主要表现在以下两个方面。

首先，教师对于主题图等隐含在教材中的教学资源利用不当。在上课时，有的教师往往将其草草带过，未给予学生充足的时间学习观察；有的教师则直接将其告诉学生，比如某教师在利用主题图帮助学生理解课文内容时，直接将主题图呈现的内容告诉学生："Oh！ Max Cat and Tiger went out in the snow."，使学生失去了观察图片和自主学习的机会。如果能留给学生充足的时间观察主题图，让他们在教师引导下通过思考概括出课文内容，教学效果可能会更好。

其次，对于教材中比较生硬的语言，有些教师未能作适当的处理。比如下面的对话：

—Don't do that again.

—Thank you.

这一对话出现在学生上课迟到的时候，课文答语"Thank you."不太合适。在这种情况下，教师可以告诉学生，如果回答时用"OK."或者"All right."等表达会更为恰当。

（三）未充分利用课堂的生成性资源

所谓课堂动态生成性就是指在教师与学生、学生与学生合作、对话、碰撞的课堂中，现时生成的超出教师预设方案之外的新问题、新情况（孙菊如 等，2018）。目前很多教师在课堂授课过程中过于拘泥于预定的教学方案，预设太多，并不能按照学生学习的实际需要进行调整，进而动态处理课堂内容。如在某节小学英语课上，教学内容是脸部各部位单词"eye、ear、nose、face、mouth、head"及句型"This is my....”。教师课前准备充分，学生基础也较好，课堂教学进展顺利，学生很快就掌握了本课的单词和句型。教师的教学任务也很快完成。但如果教师能及时发现并充分利用教学过程中动态生成的教学资源，那么整个教学将变得更加完整和充实。如在该课的教学中，有的学生在做"This is my eye/ear."的动作时习惯地去指两个眼睛或耳朵，如果此时教师能在教学中引入单复数的概念，采用"This is my ear."和"These are my ears."的句型，那么课堂教学内容会更丰富，学生的学习效果也会更好。

五、教师话语中的问题

教师话语不仅是教师组织与实施教学活动最主要、最直接的手段，同时也是学生话语的示范，是影响学生外语语言学习环境的重要因素，因而是外语教师综合素质的重要构成与集中体现，在我国外语课堂教学中起着举足轻重的作用（汤燕瑜　等，2003）。长期以来，我国外语学习者缺乏真实、自然的语言环境，学习者对课堂教学特别依赖，因此教师课堂话语也极大地影响着学习者的外语学习效果。通过对小学英语课堂的观察，我们发现小学教师的课堂话语中仍存在着语言缺乏真实性、语言缺乏逻辑性、提问质量低等问题，亟待解决。

（一）语言缺乏真实性

所谓课堂话语的语言真实性，是指课堂上教师和学生使用的语言是现实生活中实际存在的语言，而不是编造或假想的语言（程晓堂，2010）。这里所说的教师语言缺乏真实性并非教师在说假话，而是教师语言不符合真实语言的使用情境。比如，在"Can you tell me the way?"这堂课上，教师的导入语为"The woman is driving to go somewhere. But she doesn't know how to get there, because there are many places."，这句话表达得就不够真实，不能说"because there are many places"，因为女士知道自己要去哪里，只不过不知道如何去而已。她不知道怎么去目的地，不是因为有很多地方。再比如，在 free talk 环节中，常见的师生问答如下：

T：How are you?

Ss：Fine, thank you! And you?

T：What day is it today? Do you like English?

在这些问答中，教师把交际的语言作为了操练知识点的工具，丧失语言原本的目的。学生在程式化的问候中容易说假话，语言运用也不够真实。

（二）语言缺乏逻辑性

逻辑性是教师语言中的重要特征。无论是组织教学，还是呈现和讲解语言知识，或是进行话题讨论，教师的话语都应该具有逻辑性和连贯性（程晓堂，2009）。教师语言具有逻辑性具体表现为两个方面：一是语言本身要准确，不能含糊其词；二是语言链条要清晰，不能前言不搭后语。比如某节小学英语课上，教师针对主题图提问“What do you see in spring?”，紧接着在下一个教学环节教师希望同学们谈论自己在春天能看到什么的时候又问了同样的问题，结果学生不得不重复前面说过的话。再如讲解 cousin 这个单词的时候，教师在给出自己的 cousin 照片后直接开始导入课文的主题图，没有在自己的 cousin 的图片与课文主题图中间建立联系，导致课堂话语不够连贯。

（三）提问质量有待提高

在真实的教学工作中，许多教师对学生学习特点和教材研究不够深入，或者对教学环节的顺序和逻辑性把握不准，提出一些质量不高的问题。比如在教授一节新课时，学生尚未就故事内容进行学习，教师就问“Do you like this story? Why?”，学生此时根本无法回答这样的问题；再如有的教师提问太过笼统、难度太大，经常问“Do you agree or disagree?”等问题。再比如，有的教师在提问时问题的指向性不强，在主题为“房间的名称”的课上，教师用问题“Where do you live?”导入，本意是让学生回答 home，然后引出家里的不同房间名称，但学生却以“I live in Jingmen.”作答，因为学生不知道教师是问自己生活的城市还是居住的地方。这样一节课下来，教师设置了很多问题，却因问题的指向不明确导致问答的质量很低，学生能学到的知识有限，教学效果也不理想。

高质量的提问，应在充分考虑学生已知和未知的前提下，结合具体的教学内容和目标，针对学生已知和未知的连接点进行提问。以下是一篇题为“Dinosaur Data”的短文及针对该文设计的阅读理解问题。

Dinosaur Data

Dinosaurs lived on Earth for millions of years. Scientists study dinosaur bones to find out how they lived and what they looked like.

There were more than 700 different types of dinosaurs! Some dinosaurs ate plants and others ate meat. Some walked on two legs and others walked on four legs. Some could fly and others lived in the sea. We know they were all different but no one knows what colour or pattern they were.

Dinosaurs disappeared 65 million years ago. Why was this? Some scientists think that a large rock fell to Earth from space. This made the Earth much colder and there was no longer any food for the dinosaurs to eat.

The most famous dinosaur is the T-Rex. It was 14 metres long and 5.5 m high, bigger than a house!

Questions:

(1) What do you know about dinosaurs? When did they live? Where did they live? How big were they? Could they fly? How did they disappear?

(2) (After students read the passage) What new knowledge or information did you get about dinosaurs from the passage?

(3) What else do you want to know about dinosaurs?

(4) What would happen if there were dinosaurs today?

这里的第（1）个问题主要是激活学生的已知，为学习新知做铺垫。第（2）个问题聚焦学生阅读短文之后获得的新知，其中的关键词是new。大多数情况下，人们阅读时主要关注阅读材料中的新知。另外，第（1）和第（2）个问题的回答也能为后面两个问题做铺垫。这样这四个问题就紧密地联系起来了。

第三节 小学英语课堂教学的组织与实施

上一小节分析了目前小学英语课堂教学中的常见问题。有些问题源自教师在教育教学理念上的模糊认识，更多的则是由于教师在课堂教学的组织与实施方面存在困惑所致。核心素养下的小学英语教学，要充分利用课堂教学的优势；要正确处理教师、学生、教材之间的关系；要充分发挥师生互动、生生互动的作用；要通过课堂活动给学生创造语言实践的机会；要营造轻松、活泼的课堂氛围，提高学生学习英语的兴趣。本小节针对一线教师常见困惑进行讨论。

一、如何有效利用教材进行课堂教学

《义务教育英语课程标准（2011 年版）》以及根据课程标准编写的教材都鼓励教师创造性地使用教材，根据教学的实际需要对教材进行适当的取舍和调整。因此，教师在使用教材时可以对教材内容进行增减，也可以调整教学活动的顺序。但是增减内容和调整顺序时，也要考虑教材编写的总体思路和教材的总体结构。

现在，很多小学英语教材的编写思路是在学习故事的基础上学习语言知识和发展语言技能。所以每个单元以故事开始，其目的是使学生首先在相对完整的语境中接触、体验、理解真实的和有意义的语言，然后在此基础上重点学习语音、词汇、语法等语言知识，训练听、说、读、写等语言技能，并通过歌曲、歌谣、游戏以及补充的故事进一步巩固所学语言知识与技能。

有些教师提出这样的问题：如果学生不先学习词汇和语法，怎么能理解故事呢？于是这些教师先进行词汇和句型的教学，然后再回过来学习故事。这样调整教学顺序不无道理，但原教材编写思路的意义就得不到充分体现。另外，如果在学习故事或其他类型的课文之前教授语法和词汇知识，往往只能在脱离语境的情况下进行教学。为了避免脱离语境地实施教学，有些教师又另外为这些词汇和语法创设语境。但是，这样做不仅会增加教师的备课负担，也可能增加学生的学习负担。我们建议教师可以尝试不同的教学顺序，看看哪种顺序更加有利于提高教学效果。

很多小学英语教材除了单元的主课文，还有补充阅读故事，其目的是为学生提供更多有意义的语言材料。补充故事既照顾故事的趣味性，又考虑各单元的重点语言项目。补充故事与各单元的主课文的区别是：主课文既要给学生提供有意义的语言材料，同时也要呈现主要的词汇、句型和日常表达法等重点学习内容，而补充故事则主要是使学生通过阅读更丰富的语言材料来复习和巩固所学语言项目，同时使学生体验阅读故事的乐趣。所以，教师在教授补充故事时，要灵活把握教学要求，以读懂故事为主，并在此基础上复习和巩固本单元的有关词汇、语法和表达法。

小学英语教材的另外一个特点是使用大量的歌曲和歌谣。选用歌曲和歌谣的目的是使学生通过更加轻松有趣的方式来巩固所学语言知识，训练语音，进一步提高听和说的能力。歌曲和歌谣一般都与单元的主题有关系，而且尽量使用各单元学习的字母、单词、句型等。处理歌曲和歌谣时，教师可以简要解释歌曲和歌谣的大意，但不需要学生准确理解歌词的具体意思，更不能要求学生掌握歌曲和歌谣中所有的生词和句型。教学时，既要有领唱，也要让学生独立地唱；既要有全班合唱，也要有小组唱和个别学生唱的环节。

在使用教材时，有些教师并不按照教师用书建议的步骤实施教学，有的教师干脆不阅读教师用书，完全根据自己对教材的理解和自己的教学经验来设计和实施课堂教学。那么，教师是否需要阅读教师用书呢？我们的观点是，经验丰富的教师可以根据自己对课程目标要求的理解以及对教材的分析，按照自己的思路来设计和实施教学。但是，阅读教师用书对教师更好地把握教材、创造性地设计教学会有很大的帮助。因此，即使是有经验的教师，我们也建议阅读教师用书。对于新教师以及初次使用教材的教师，则更加需要认真阅读教师用书。教师用书不仅向教师提供了教学建议和教学步骤，而且介绍教材的编写思路、教学活动设计意图、教学重点以及教学中需要注意的一些问题。教师如果了解这些方面的内容，则有利于他们更合理、有效地使用教材。

二、如何组织课堂教学活动

小学英语课堂组织形式有全班活动、个人活动、两人结对子活动、小组活动等。

全班活动是小学英语教学最常用的活动形式。全班活动能使学生通过跟随全班活动增强自己学习运用英语的信心，不至于一开始就在全班同学面前显示出自己的不足。全班活动主要用于听和重复语言这类活动，也可用于听，然后做活动或完成任务的活动。

个人活动很适合学生开展单独语言学习，如阅读、书面练习、涂颜色、画画等。个人活动还有利于使课堂教学有动有静，同时为学生提供一个独立思考和学习的机会。

两人结对子活动（pair-work）是语言操练中最常见的活动形式。学生可以就某一话题、某一张图片、某一个人等进行问答形式的对话，也可以组织学生开展“发指令、做动作”的活动，还可以开展两人之间的讨论、辩论、商量等活动。

小组活动（group-work）中，学生根据课文中角色的数量分成小组进行课文对话训练活动，或者自编对话进行活动，也可以进行讨论、辩论、商量等活动。在高年级，可以要求学生分小组进行笔头训练活动，或者口头与笔头相结合的训练，如分组听写竞赛、讨论语句选择、讨论写信、讨论改错等。

英语课堂教学中，教师尽量使用英语，有利于给学生提供更多的输入，使学生有更多的机会接触、理解和体验英语。同时，如果学生使用英语，也能增加运用英语的机会。因此，我们提倡教师根据实际情况尽量使用英语。那么如何把握呢？我们认为，使用英语的程度以学生能否听懂或基本听懂为依据。如果学生根本听不懂或基本听不懂，教师则需要用中文。在下列情况下，教师可能需要使用中文：（1）说明语言运用背景和文化背景时（如在某种情况下应注意如何表达）；（2）需要解释抽象概念时；（3）需要解释比较复杂的词汇或语法现象时。有时可以先尝试用英语，然后再用中文解释。但是，我们不主张每说一句英文都要再说一遍中文。

需要特别指出的是，讲故事时，如果完全用英语，学生理解起来可能有困难。另外，教师提问时，学生也不可能完全用英语回答。我们的建议是，教师可以先尝试用英语讲，鼓励学生用英语回答。教师和学生都不必一定要用完整的句子。如果学生难以理解教师的问题或很难用英语回答问题，则可以适当使用中文。

三、教学中如何把握整与零的问题

语言教学中一直存在两种思想的论争，即究竟应该把语言作为整体来学习，还是应该把语言化整为零，逐个学习，逐步积累。根据整体语言学习的思想，教材编写者应该从一开始就向学生提供相对完整的、有语境的语段。学生的学习重点是语段的意思，而不是语段中出现的所有语法结构。当然，也可以选择语段中的一两个重要结构进行重点学习。根据化整为零的思想，首先把语言系统分割成无数个细小碎片，学生逐个学习,掌握一项内容之后再学习下一项内容。在教材编写中的表现是“字母—单词（音标）—句子—语段”逐步过渡的语言呈现模式。这种呈现方式往往不考虑单词和句子的语境。当然，字母和音标本身也没有语境的问题。目前,大多数教材倾向于前一种思想,即把语言作为整体来学习。因为意义和语境有助于学生对语言的感悟，有助于培养学生的学习动机和积极性。而被分割为碎片且离开语境的字母、音标、单词甚至句子都不利于学习，尤其不利于小学生的学习心理。学生可能通过较强的记忆和模仿能力掌握字母、音标、单词等，但研究表明，这种学习结果没有长久效应，也不利于培养实际的语言运用能力。

四、如何处理模仿与真实表达的关系

小学生有较强的模仿能力，这是小学生学习外语的有利条件之一。但是，语言学研究及语言习得研究结果表明，外语学习并不是单纯模仿的过程。语言学习者不仅可以通过自我探究、自我发现等方式来学习语言知识、培养语言技能，进而创造性地使用语言，而且这种方式的学习结果具有更好的持久性。实践证明，即使是低龄外语学习者，也具有较强的自我探究、自我发现的欲望和能力。因此，小学英语教学不应过于强调模仿的作用，而忽视学生的自我探究、自我发现的学习潜能。教学中应该适当设计一些探究性的学习活动，让学生体验、观察语言现象，探究语言规律。探究性语言学习不仅能够提高学习效果，而且有利于学生发展自主学习能力。

在对话教学中尤其要注意模仿与真实表达的关系。对话教学是小学英语教学的重要内容之一，其目的是使学生能够使用所学重点句型在语境中进行有意义的表达。小学英语教材通常提供一些示范性对话。这些对话除了包含本单元的重点句型和表达法，还涉及一些过去学过的内容，甚至有一些没学过的内容，所以对话的回合要稍微多一些。对于没学过的内容，教师不必过于担忧学生不理解，教师可以给予简单的提示，学生能了解即可。学生自己做对话练习时，不一定要用到这些语言项目。另外，学生做对话练习时，鼓励学生进行大胆地发挥，不要机械地模仿对话。同时，教师也要给予必要的语言支持。

五、如何进行词汇和语法教学

现在很多小学英语教师反映，学生学单词和记单词有很大的困难，很多学生总是记不住单词。其实，如果很多学生在某个方面有困难，那么教师就需要反思自己的教学要求和教学步骤的合理性。在过去很长一段时间里，人们提到单词学习时，往往根据音、形、义的要求和顺序来进行词汇教学，即从读音、拼写和意义这三个方面进行词汇教学。很多教师先领读单词，解决读音，然后引导学生拼读单词（如 apple，a-p-p-l-e），最后告诉学生单词的意思。其实，单词教学的要求和顺序应该从音、义、形来考虑。单词的书写（拼写）是最难记忆的，而在听、说、读、写四项语言技能中，写也是最难的一项技能，是语言学习中发展最晚的技能。因此，在教授新词汇时，不要过早提出拼写的要求，不要过于追求拼写的准确性。我们建议，单词教学可以采取这样的层次：听单词、说单词（重复）、根据图片或实物说单词、认读单词（整体识别）、把单词与图片或实物对应起来，最后才进入拼写教学。

就语法结构的教学而言，通常有两种方法，一种是显性教学，即直截了当地把语法知识呈现给学生，然后进行各种形式的操练和运用。另一种方法是隐性教学，即把重点语法知识和结构隐含在相对真实完整的语段中，让学生首先直接体验语言的意思和语言的运用。通过潜移默化的方式让学生接触、理解乃至掌握重点语法结构。大家知道，低龄外语学习者往往不善于理解和分析抽象的语法规则。因此，小学英语教学在处理语法问题时应偏重隐性教学，逐步使小学生具备一定的语法意识。

六、如何进行语音教学

小学阶段英语教学的一个重要目标是培养语音语调基础，所以应该重视语音教学。语音学习最有效的方法是直接模仿正确的发音和语调。所以，建议教师在课堂上让学生多听多模仿。既要模仿教师的语音，更应该模仿录音带中英语本族者的语音。

语音教学不等于音标教学。语音教学的重点是发音教学（即教会学生如何发出基本的语音）和使学生掌握拼读规则，而不要过于依赖音标教学。如果某些情况教师确实认为需要教授音标，也要特别注意以下几点：第一，音标只是代表声音的符号，音标本身不是声音。过于强调音标教学，可能会导致英语单词的音形分离。第二，音标学习可能增加小学生学习英语的负担。学生既要学习字母，又要知道字母在单词中的读音，还要认知和记忆一套音标符号。这无形之中加重了学习负担，可能造成学生学习困难。第三，要注意音标教学的效果。一方面音标学习比较枯燥，另一方面由于小学生认知能力有限，加之学生需要使用音标的情况很少，遗忘的概率也就增加了。第四，学生记不住单词、发音不准等问题要从教师素质、教学方法、学生学习态度和环境等方面寻找根源。单纯的音标教学解决不了记不住单词、发音不准等问题。

语音教学的重点是单词的发音。这里的发音是指声音，而不是音标符号。大部分单词可以通过模仿和跟读来学习发音，也可以通过拼读规则读出单词。只有在少数情况下需要查阅音标并根据音标来判断单词的发音。音标主要是供查阅用的。通常情况下，学生不需要写音标，也不需要为单词注音标。在不系统地教授音标的情况下，教师应该如何进行语音教学？以下方式可供教师们参考。

第一，采用自然拼读法。引导学生根据单词形音对应关系的规律自然拼读单词。

第二，加强语音模仿。通过听录音、看视频、唱歌谣、跟教师读、观察教师口型等方式，让学生多听、多读、多练，自然模仿。

第三，有效利用知识迁移。借助学生已经熟知的单词来教授新的单词读音。学生能够通过已学的单词（如 walk）判断新词的发音（如 talk）。

第四，发音规则归纳法。通过同类发音的单词来学习单词发音，引导学生发现发音规则。如果没有规律，直接通过模仿原声学习。

在小学阶段宜采用听说和模仿的方式进行语音教学。小学生的优势在于其形象思维能力和模仿能力很强，听音模仿的准确率较高。如果可以创设环境让孩子能够听准音并且有模仿的机会，然后再创设语境不断让其接触，加上拼读规则的引导，学生是能够拼读单词的。

七、如何进行阅读教学

真正意义的阅读，是在生活和工作中为了获得信息、增长知识、娱乐消遣而进行的阅读。而英语课堂上的阅读则是为了训练阅读技能和扩大语言输入而进行的教学活动，其主要目的是通过阅读来学习语言知识和培养语言技能。正是因为如此，英语课堂上的阅读与现实生活中的阅读在阅读目的、阅读内容和阅读方法上有很多差异。这种差异对我们有什么启示呢?

大家可能注意到这样一个现象：很多小学生喜欢读中文图书，而不太喜欢读英文图书；喜欢读课外的书，而不太喜欢读课内的书（主要是教材）。他们之所以喜欢读中文书，大概是因为他们读得懂而且对这些书的内容感兴趣。不太喜欢读英文书的主要原因大概是他们读不太懂。喜欢读课外的书，有可能是因为课外书内容新鲜有趣，也有可能是因为读课外书没有那么多额外的负担（练习题）。不喜欢读教材，可能是因为教材中的很多课文内容索然无味。

当然，我们希望教材中的课文也能做到生动活泼，能够引起学生的兴趣。但是，由于教材与课外读物的功能是不同的，所以也不能盲目地否定教材的价值，更不能希望用课外图书取代教材。如果能够将二者有机地结合起来，恐怕就是目前最好的选择了。

教材中的课文往往具有多重作用，比如作为重点词汇和语法结构的载体，作为训练阅读技能的材料，作为丰富语言文化知识的语言输入，等等。但是，课文首先毕竟是用来阅读的。无论是作为重点词汇、语法、文化知识的载体，还是作为训练阅读技能的材料，只有学生真正阅读了，才能实现这些功能。所以，我们建议，首先要让小学生真正阅读课文。在这个环节，可以暂不把学习语言知识（词汇、语法）和训练阅读技能作为重点，而应该让学生像现实生活中那样阅读，即通过阅读获得某些信息和知识，或者在阅读中体验和感受美好的事物或经历。这个环节的阅读一般能够引起学生更大的阅读兴趣（如果课文本身有一定的趣味性），而且有利于学生在语境中接触、理解重点语言项目的意义，感受语言的使用。在这个环节之后，可以安排语言技能训练活动和重点语言知识的教学活动。

八、如何对待学生的错误

学生在英语学习过程中出现错误是非常正常的。实际上，我们每个人都需要从错误中学习。因此，学生出现错误时，不要批评和指责，而是要根据错误的具体情况给予指导和帮助。有的教师以为错误是难免的，所以对学生的错误干脆不予理睬；有的教师则是逢错必纠。这两种做法都不利于学生的学习。

错误分为两种：一种是因为未掌握必要的知识而犯的错误，也就是说学生不知道正确的形式是什么，这是真正意义的错误；另外一种是因为疏忽而出现的错误，也就是说学生知道应该怎么说，但由于不小心或过于紧张而出现错误，这往往是笔误或口误。

教学中，教师可以更多地关注真正意义上的错误，而对于笔误和口误不要过于追究。如果学生的笔误和口误太多，教师可以适当地提醒。

纠正学生错误时要讲究方式方法。应尽量采用委婉、间接的方式，如先表扬，再指出错误，或直接说出正确形式，让学生自己体会正确形式与错误形式的区别。纠错时，一次纠正一个问题，主要纠正重要的错误；不要纠正学生说话过程中所犯的每个错误，否则会打击学生的积极性。如果某学生课堂回答问题不正确，可以让班上同学给予帮助，但注意不要在众人面前令犯错的学生难堪。

第四节 小学英语故事教学

近些年来，故事教学逐渐成为小学英语教学的重要教学内容和教学形式，很多小学英语教材都包含大量故事体裁的教学材料，有些教材的单元甚至是围绕故事设计的。我们这里说的故事，既包括以文字为主的故事，也包括图文并茂的绘本故事。故事教学看似一个很简单的概念，无外乎就是根据故事开展英语教学，但在实际教学中，故事教学其实是一件相当复杂的事情。一线英语教师关于故事教学的讨论很多，困惑和误区也不少。

一、小学英语教学中开展故事教学的意义

在小学英语教学中采用故事进行教学，具有十分重要的意义。在核心素养背景下，故事教学的意义更加凸显。故事不仅让学生接触和体验真实、地道的语言，也能让学生认知世界、认知自我，获得更多的知识和经验，发展积极的情感态度和价值观。

（1）故事是相对完整的有语境的语篇。在小学英语教学中使用有意义的、有语境的语言素材，有利于帮助学生理解语言的意义和语言运用的具体情况。对小学生来说，如果脱离语境，即使是学习一句话或一个单词，也很难理解单词和句子的意义。即便记住了词或句子的意思，他们也不知道这些词和句子该在什么情况下使用。采用故事教学至少能帮助学生更好地理解语言的意义以及语言的具体使用情况。

（2）故事教学有利于提高小学生学习英语的兴趣。大多数故事是有情节的。现在很多小学英语教材里都有故事，虽然这些故事比较简单，但内容有趣、语言丰富，符合小学生身心发展的特点。通过故事学习英语，能调动学生学习的积极性，提高学生的英语学习兴趣。另外，朗读故事、讲故事、表演故事、创编故事等教学活动还能为学生提供展示语言能力的机会，同时也有利于学生发展语言运用能力。

（3）故事教学有助于小学生获得更多语言输入。小学阶段可以安排

一些绘本故事，让学生阅读、表演。通过学习故事、表演故事，学生可以获得更多语言输入。另外，阅读故事可以由学生独立完成。在形成一定的自主阅读能力之后，在没有教师和家长指导的情况下，小学生也能开展自主阅读。这样也能在一定程度上创造英语学习的条件和环境。

（4）小学阶段的故事教学不只是阅读故事，还有多重功能。通过故事教学，学生可以学习知识，增长智慧，丰富生活经验。通过读故事、讲故事，可以学习英语语言知识，培养阅读技能，提高英语阅读素养。通过欣赏故事，可以体验和欣赏语言文学之美，享受阅读的愉悦。通过学习故事的寓意，理解故事中人物的情感，发展积极的情感态度和价值观。

基于以上原因，小学阶段可在不同的教学环节采用故事教学。有的教师可能会担心：小学生接触英语时间短，能读懂故事、讲故事、表演故事吗？实际上，小学生是可以做到这些的。需要指出的是，我们说的故事并不一定是非常完整的、语言复杂的故事。有些对话可能就是一个故事。故事也可能是一段完整的叙述性文字。另外，不同年龄段、不同年级的故事会有不同形式和不同难度。所以这里说的故事是一个广义的概念。

对于让学生读故事、讲故事和表演故事的要求，教师要注意灵活把握。我们倡导在低年级就有讲故事的环节。这里所说的讲故事，并不是指教师把故事完完整整地讲给学生听，而是教师和学生一起根据图片的提示、根据教材提供的音像材料，来描述故事中的人、物、环境和事件。表演故事听起来好像难度很高，其实很简单。表演几个动作也是故事表演，把一个故事的几个环节用一些手势、表情表演出来也是一种故事表演。如果再加上语言表演，故事表演就更完整了。

二、小学英语故事教学的几种形态

故事教学其实是一个相对模糊的概念。谈及故事，有些一线教师经常提出这样的问题：故事教学怎么操作？教什么故事？用多少课时教故事？故事要教到什么程度？为了解答这些问题，我们首先看看小学英语故事教学有哪些形态。根据笔者所了解的情况，故事教学其实包括若干种形态，归纳起来主要有以下几种情况。

（1）作为教材单元主要教学内容的故事教学。故事通常以图文结合的方式，呈现在各单元的开始部分，作为单元教学内容的载体。单元后面所有的学习内容和活动都围绕着故事来开展，包括读故事、讲故事、演故事等教学环节；之后的词汇学习、语法学习、对话学习以及其他教学活动也是根据故事内容或故事中的语言来设计的。比如，北京师范大学出版社出版的小学英语教材就是按这种思路设计的。该教材六年级下册第 7 单元前 4 页如图 7-1、7-2、7-3、7-4 所示。

在以下样例中，前两页是以连环画形式呈现的故事，即本单元的主要学习文本。后两页的活动有：Talk Together、Listen to This、Words You Know、Write the Adverbs、Look and Match。这些活动都是基于故事内容或故事中的语言设计的。

（2）作为单元教学内容的巩固和拓展的故事教学。将故事放在教材单元的最后，以帮助学生内化新知识点，培养学生的英语阅读兴趣和初步的阅读能力。在这类教材中，各单元的主要教学活动是对话教学、句型教学、词汇教学、语音教学等，辅之以歌曲、歌谣、游戏等教学活动。单元最后的故事不是主要教学内容，但由于故事与单元主题和语言相关，所以可以帮助学生巩固本单元的知识，同时训练阅读技能。

（3）教师为教材各单元选配故事，并结合单元内容开展故事教学。有些小学英语教材本身没有编排故事，或者编排的故事很少。为了充实教学内容，特别是为学生提供相对完整的语篇，很多教师根据单元的主题选配故事，作为单元的拓展教学内容。这种形态的故事教学与第二种故事教学形态相似，只是故事来源不同。这一做法的不利之处是需要教师自己花时间和精力选配故事，因为选配合适的故事并非易事。

（4）独立的绘本阅读教学。为了充实课堂教学内容，有些教师选用绘本故事系列，专门安排课时进行绘本阅读教学（如每周一课时或每两周一课时）。所读绘本与教材单元内容没有必然的联系。这种形态的绘本教学有较大的灵活性，可以选用国内外出版的分级绘本故事，不需要教师自己为每个单元单独选配故事。不利之处是故事内容和故事中的语言与单元教学的关联性不强，甚至与整个课程的教学目标和教学内容脱节。

图 7–1　小学英语教材六年级下册样例（1）

图 7-2　小学英语教材六年级下册样例（2）

Talk Together

Sports meeting rules

Is there a sports meeting in your school? What are the competitions? Can you tell the rules of some games?

- Be more than 10 years old.
- Wear sports shoes.
- Be there on time.
- Do warm-up exercise.
- Pass the finish line.

Tell me the rules of the competition.

You must run on your own track.

DID YOU KNOW ...?

The modern marathon race is about 26 miles. It usually takes people more than 2 hours to finish. It is in memory of a great ancient Greek soldier. He ran 42 kilometers to Athens to send very important news. He died after he told the news.

Listen to This

Write the number.

a. b. c.

d. e. COMPETITION RULES 1. 2. f.

图 7–3　小学英语教材六年级下册样例（3）

Words You Know

Label the bicycle.

brakes
tire
helmet
seat
pump
handlebars
pedal

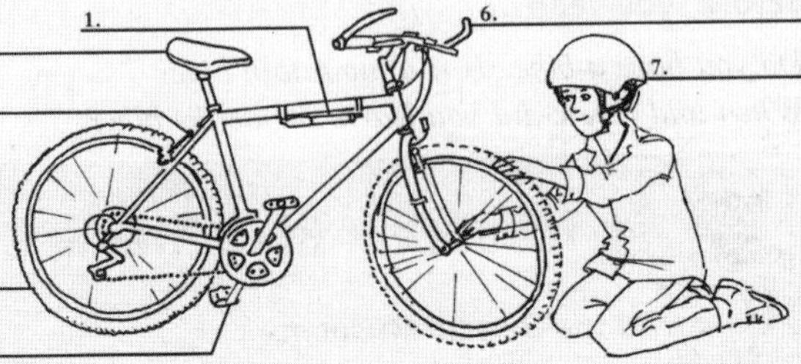

1. ________
2. ________
3. ________
4. ________
5. ________
6. ________
7. ________

Write the Adverbs

1. She is a hard worker. She works ________.
2. He is a fast rider. He rides ________.
3. She is a good swimmer. She swims ________.
4. You are quick learners. You learn ________.
5. This is a slow train. It moves ________.

Look and Match

No talking Go Don't touch Don't walk on the grass
No smoking Smile Stop

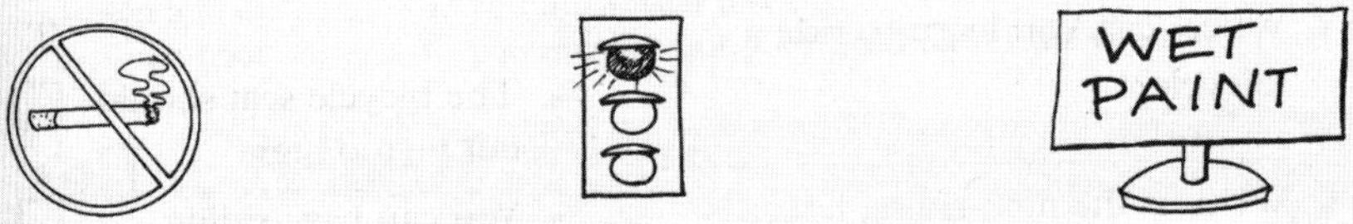

a.________ b.________ c.________

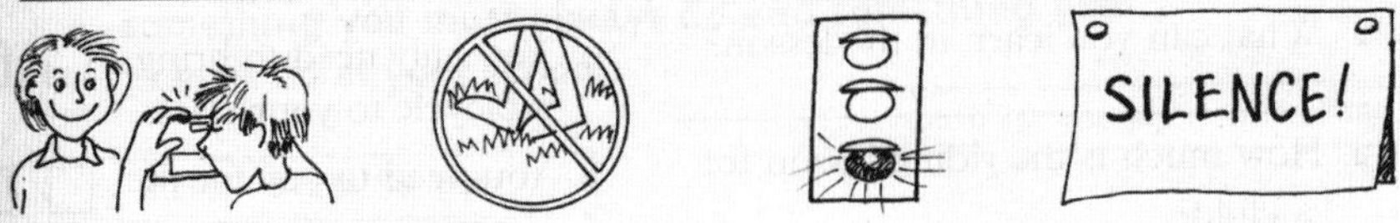

d.________ e.________ f.________ g.________

图 7–4 小学英语教材六年级下册样例（4）

（5）课内外结合的绘本故事阅读。这是一种教师指导下的学生自主阅读模式。由教师根据学校和学生的实际情况，列出供学生自主阅读的绘本系列，并由学校或学生购买所需绘本。教师制订阅读计划，为学生提供阅读指导。学生在每节课内阅读 5 ～ 7 分钟，课后继续阅读。一般不安排单独的课时进行阅读教学，但可以进行适当的故事阅读训练和阅读示范。

三、课堂上故事教学的操作要领

前面我们介绍了故事教学的五种形态，除了第五种属于学生自主阅读，其他四种都是课堂上实施的故事教学。虽然这几种形态的故事教学在教学目的、教学要求和教学活动的设计等方面会有些差异，但都属于课堂上的故事教学，都应该遵守故事教学的一些基本操作要领。

（一）坚持故事内容优先的原则

所谓小学英语故事教学，是基于故事展开的教学，是学生通过学习英语故事进而学习英语的一种教学形态。因此，要坚持故事内容优先的原则，即故事在前，教学在后。也就是说，故事教学首先应该关注故事的内容，让学生读故事、读懂故事、享受读故事的愉悦。因此，无论哪种形态的故事教学，教师首先要指导学生读故事，帮助学生克服故事理解过程中的困难。这里说的故事内容包括故事发生的背景、故事中的人物及其关系、故事中事件及事件发生和发展的过程、故事的寓意等内容。关注故事内容的过程，也是学生在真实语境下接触、感知、理解语言的过程。如果这一过程做得比较充分，则为后边的语言教学活动奠定良好的基础。

（二）讲故事环节要注意发挥学生的主体作用

故事教学的一个重要环节是讲故事。但是，故事教学中的讲故事与平常父母给孩子讲故事是不一样的。父母给孩子讲故事时，只是把故事念给孩子听。课堂上的讲故事环节不是教师直接把故事念给学生听，而是由教师指导学生建构故事。教师可以给学生出示故事的标题、主要人物形象或故事的背景图，引导学生预测故事内容；或者引导学生观察故事的插图，自主观察插图反映的环境、人物、事件等。教师还可以遮住部分图片或文字，利用启发式提问，引导学生猜测故事内容或故事中人物的话语。建构故事之后，可以引导学生复述故事、表演故事。

讲故事的环节，要特别注意故事的情节。如果只有几幅插图，三两句对话，往往不能称为故事。因为它没有情节，也没有真实的语境，所以这不适用于我们说的基于故事的教学。如果教学内容由一系列图片（连环画）构成了一连串的事件，有故事情节、有人物对话，就是故事。另外，要注意故事的语境。语境实际上是故事最重要的部分。很多教材从本身的设计来看，有插图，插图里有对话，但是对话本身并不是故事的唯一，也并不一定是故事的主要部分，故事的大部分内容和它的语境是通过画面来呈现的。

（三）正确把握故事教学在单元学习中的作用

外语教学强调输入和输出。先有输入，再有输出。对小学生来讲，输入主要来自阅读的故事和对话，或者听到的故事和对话。所以，单元里安排故事就是为了提供语言输入。作为真实的语言素材，故事有利于学生理解我们试图让学生学习或者掌握的语言现象。过去教师开始教学时，会单独拿出一些单词，有的也给出一些图片或句型，然后反复地学习单词、操练句型。事实上这些都不是特别适合小学生的教学方法。小学生学外语首先要理解语言发生的背景。这样不仅能理解语言的意义，还能理解语言使用的具体情况。所以，在单元教学中先给学生呈现一个故事，然后再围绕故事学习其中重要的语言现象，训练重要的语言技能，就会提高学习效率。可以说，故事在单元学习中的主要作用是提供语言输入和基本的语言素材。

（四）故事教学要把握好度

在调研过程中，很多教师经常问我们这样的问题：对于故事教学的第一课时，学生对故事要掌握到什么程度？对故事中的词汇、语法要掌握到什么程度？对故事本身要熟悉到什么程度？要不要让学生背诵故事、讲故事、表演故事？

教师的确要注意把握故事教学的度。如前所述，呈现故事的目的是给学生提供语言素材，使学生在语境中理解重要语言现象的意义和用法。所以，教师进行故事教学的时候，要注意把握教学要求。

首先，学生要理解故事。理解故事包括理解故事中的人、物、环境以及人所做的事，故事前后的逻辑关系以及人物话语的意义。但并不是要求学生百分之百地理解，只要基本理解即可，当然完全理解则更好。

其次，学生要知道故事中出现的重点语言现象（比如词汇和句型）使用的环境。如，倘若故事中有“Hello, how are you?”这样一句问候的话，即使教师不讲解也没有关系。因为学生通过看图片就能知道这是谁和谁见面时说的第一句话，这就明白了这句话是在什么情况下说的。

再次，学生要能够独立地阅读故事。教师要指导学生观察故事中的主要人物、情境，让学生学会独立阅读故事、理解故事。

最后，学生要会表演故事。这是比较高的要求，不可能要求所有的学生都能表演故事。表演的时候也并不是原原本本地按照教材中故事的情节和所使用的语言去表演，可以做一些改变，如视情况简化故事情节、语言现象等。学生一人拿一本书，你念一句我念一句，这不是真正意义上的表演故事，而是朗读故事。教师应鼓励学生进行灵活的创造，鼓励学生在表演故事时尽量用自己的、真实的语言表达，而不是原原本本、一字不漏地复述故事。有些教师可能会担心一节课中学生好像都没掌握多少词汇或句型。其实故事的学习主要是给学生提供相对真实、完整、有意义的语言素材，为后面的学习做准备做铺垫。

（五）故事教学的语言准备

很多教师把课文、故事作为知识的载体来使用。他们总是一边讲故事，一边讲解故事中的词汇或者句型，这样就有可能破坏故事的整体性。而有的教师为了保证故事的整体性就用整体教学方法呈现故事，不打乱故事的情节，所以在讲故事之前就得先用一点时间处理词汇。那么，在讲故事前，该选择哪些词来处理？应要求学生掌握到什么程度？有的教师在这个环节上花太多时间。许多教师就有困惑：如果不帮助学生扫清词汇障碍，学生怎么能理解故事呢？

选择重点词汇或者句型有两个标准。第一是可能会影响学生理解故事内容的词和概念，或者一些文化背景知识。教师要对这些词或背景知识进行一些处理。另一个需要处理的就是本单元的重点语言现象。教师要让学生知道本单元需要重点关注的内容。

（六）优化故事教学中的提问设计

提问在故事教学中非常普遍。故事教学中的提问不只是为了检查学生对故事的理解，而是有多种目的，因而有多种问题类型，多种提问方式。故事教学中提问的目的包括：①激活学生已有的知识和经验；②激发学生的兴趣和好奇心；③引导学生理解故事内容（观察图片、理解文字）；④引导学生关注故事中的语言；⑤检查学生理解的准确性；⑥引发学生进一步思考。故事教学中的提问设计要注意以下几点。

（1）根据教学环节的需要，设计不同层次和不同类型的问题。不同层次的问题是指根据信息提取和处理所需认知过程和认知能力设计的问题，比如：

识别类问题（What do you see? Where is the girl?）

理解性问题（What is she doing? Why is she crying?）

比较类问题（Who runs faster? Who works hard and who is lazy?）

分析类问题（Why does Fox say it is a trick?）

阐释性问题（What does the story tell us?）

评价性问题（What do you think of Fox and the sheep?）

这些不同层次的问题通常在不同的教学环节提出来。在初步理解故事的教学环节，以识别类和理解性问题为主；在深化理解环节可以设计比较类、分析类、阐释性和评价性问题。

问题的类型包括：①封闭与开放性问题；②预设问题与生成问题；③简单问题与复杂问题。另外，设计问题时还应该考虑问题的指向。不同指向的问题包括：①指向文本内容的问题与指向学生知识和经验的问题；②指向故事内容的问题与指向故事中的语言的问题；③指向事实的问题与指向观点的问题。

（2）要有针对性地提问。针对故事提问时，所提问题要指向故事的关键点，包括故事的大意、主要情节和关键细节，一般不针对不重要的细节（信息）提问。如果针对故事中的语言提问，也要与内容相结合。一位教师让学生第一遍读故事时，提出这样一个问题："Read the story by yourself, and find out the new words that you don't know."（读绘本并找出不认识的单词。）显然，学生第一遍读故事的时候，应该关注故事的大意和主要情节，而不是找出故事中的生词。

另外，不要设计题外问题，尤其是在理解故事的教学环节，不要节外生枝地提问。以下是一个例子：

T:（学生读完故事的一个片段之后）What are they doing?

SS: They are playing a word game.

T: Do you like playing word games? Do you want to play a word game? Let's play a word game.

在这个教学环节里，学生读完故事的一个片段，教师问学生"What are they doing?"学生回答之后，教师又节外生枝地问学生"Do you like playing word games? Do you want to play a word game?"，这样做可能会影响学生对故事整体的理解。

（3）所提问题要有逻辑性和连贯性。故事教学中设计的问题要符合逻辑。如果是一系列的问题，问题还要有连贯性。请看下面的例子：

T: Look, what's this?

SS: A rabbit.

T: Yes, it's a rabbit, but it is not just a rabbit. Is it a boy or a girl?

SS: …

T: It's a girl, and she has a name, …

…

T: Look at this dog. Is it a boy or a girl?

SS: …

T: It's a boy.

在这个教学片断里，教师先后指着兔子和小狗的图片问学生"Is it a boy or girl?"，学生觉得莫名其妙，不知道如何回答。结果教师只好自己回答。

在某节故事课上，学生阅读了一个有关圣诞礼物的故事。教师提出以下问题：

Q1: What is the best Christmas present?

Q2: What do you want to say after reading the story?

Q3: What is the most important thing you learn from the story?

Q4: Do you want to be Santa Claus?

以上四个问题缺乏逻辑性和连贯性。第一个问题是，什么是最好的圣诞礼物？学生不知道这个问题是针对故事提的，还是针对学生自己的喜好提的。问题提出来以后，学生沉默不语。第二、第三两个问题好像是理解故事的寓意。第四个问题是，你想不想当圣诞老人？学生又感到莫名其妙，不知如何回答。

另外，所提问题要有利于学生回答。设计问题时要考虑回答问题所需要的信息、线索，同时还要有利于启发学生思考。请看下面的例子：

T: Today we meet two children Kit and Kim. Kit and Kim are two friends. Where are they from?

SS: …

T: They are from a story.

学习完一个故事之后，教师问学生 Kit 和 Kim 这两个朋友来自哪里？但是故事并没有交代他们来自哪里，学生无从回答这个问题。令人啼笑皆非的是，教师自己给出的回答是"They are from a story."。

故事具有寓教于乐的特点，小学英语教学中的故事教学要充分利用这一特点，将英语学习与学生核心素养的培养紧密结合起来。

注：本章第二节的部分内容曾以《小学英语课堂教学中的常见问题分析与建议》为题发表于《中小学外语教学》2019 年第 6 期，作者为程晓堂、谢诗语。

第八章　英语教学与信息技术的深度融合

提高教育质量、推进教育公平是中国教育当前面临的紧迫任务。要完成这些紧迫的任务，需要有顶层教育体制和政策的保障，也需要新的教育理念的支撑，还需要技术和手段的支持。信息技术的开发与利用是当今世界范围内不可逆转的一个重大发展趋势，已经渗透到社会生活、经济建设、科学研究、文化发展的每个角落，其中当然包括教育。教育与信息技术的结合，不再是该不该做的问题，而是如何做的问题，如何推进的问题，以及如何优化的问题。

教育信息化就是将计算机多媒体技术和网络信息技术应用于教学、学习、教育教学管理。这一概念是在20世纪90年代伴随着信息高速公路的兴建而提出来的（张志远，2007）。教育信息化的形式是多样化的，也是不断发展和变化的。这一特点在教育信息化的英文和中文表达方式上可见一斑。教育信息化的英语表述有以下几种：IT in education（教育中的信息技术）、e-Education（电子化教育）、Network-Based Education（基于网络的教育）、Online Education（在线教育）、Cyber Education（网络教育）、Virtual Education（虚拟教育）等（张志远，2007）。

第一节 英语教学与信息技术深度融合的内涵

在教育信息化时代，英语教育与信息技术的融合是一个重要的研究课题。核心素养下的英语教育教学面临很多机遇，也面临很多挑战。这些机遇和挑战在技术层面上都有体现。信息技术的发展和应用为核心素养下的英语教育和教学提供了技术支持，但对一线英语教师来说，如何有效应用信息技术，将信息技术与英语教学深度融合，也是不小的挑战。

其实，英语教育与信息技术的结合，应该说走在了一般意义的教育信息化的前面。早在 20 世纪 80 年代，教育界的同人就已经开始将现代教育技术应用到英语教学之中。较早从事现代教育技术研究与应用的专家们首先考虑的是如何将现代教育技术应用到英语教学中，而且研发了很多辅助英语教学的计算机软件，并开展了大量的教学实验研究。从 20 世纪 90 年代起，随着互联网的诞生与推广，基于互联网的英语学习信息化开始发展，各种各样的英语学习和英语教学网站为学生和教师提供了大量的英语学习资源和教学资源。

进入 21 世纪以后，基于信息技术的英语教育不再只是建立英语教学网站，也不再只是提供基于网络的学习资源，而是提供智能化的在线学习平台（也称在线学习空间）。这些智能化的学习平台不仅能够帮助学生提高学习效果，而且有利于学生发展自主学习能力。智能化的在线学习平台与一般意义的网络资源有一个重要的区别：在线学习平台有很强的交互性，它不仅能够为学习者提供反馈信息，与学习者进行智能化的互动，而且能够为教师、学生、管理者、研究者提供交流的空间。从技术上看，教育信息化的基本特点是数字化、多媒体化、网络化和智能化。

虽然信息技术已经广泛应用到英语教育之中，但从目前的情况来看，英语教育的信息化应该处于探索阶段。英语教学与信息技术融合的深度还有待提高。大家经常提到“英语教学与信息技术的深度融合”，那么何谓“深度融合”？怎样做才算深度融合？哪些做法不能称之为深度融合？下面我们结合一些例子（见表 8–1）进行简要讨论。

表8-1　英语教学与信息技术的融合程度举例

信息技术在英语教学中的应用举例	融合程度	说明
在磁盘中储存信息（如英语阅读和听力材料）	较低	将学习材料储存在磁盘中是较早的一种信息技术应用方式。储存在磁盘中的信息不仅储存容量大，而且便于检索、提取和复制。这些是早期的电子英语教学资源的主要形式。
基于存储设备的英语学习软件	较低	计算机普及以后，计算机行业迅速意识到将计算机技术应用到英语教学中的潜力，并与英语教育界合作开发了大量的基于存储设备（如磁盘、CD-ROM）的英语学习软件。这些学习软件不仅提供学习材料，还能与学习者进行简单的互动，为学习者提供反馈。
在互联网网站中储存英语学习资源	偏低	与在磁盘中储存信息相比，在互联网网站中储存英语教学资源又向前迈进了一步。通过网络储存的英语教学资源，不仅便于资源的检索、提取和复制，还有利于资源的更新、传播和交换。
基于网络的英语学习活动	较高	互联网出现后不久，就出现了基于网络的互动式学习活动，比如在网络上做练习题（主要是选择题、判断题、匹配题等）。网络服务器能够对学习者所做的练习进行正误判断，并给出成绩。
智能化的网络英语学习平台	较高	智能化的网络学习平台不仅能够对一般的练习题进行正误判断，还能对学习者的口头表达、书面表达等语言产出做出智能化的评判，并给予反馈。如基于语音识别技术的英语口语学习软件能够判断学习者英语发音的准确性和流利性，甚至识别学习者的发音错误。基于大数据的英语作文批改软件能够批改学习者的英语作文。智能化的学习平台还能根据学习者的学习情况和能力水平精准推送学习资源。

现在人们谈及信息技术，往往指基于计算和网络的技术。其实，信息技术的内涵很广，包括信息表征、获取、传送、储存、加工、处理和利用的技术（李运林，2017）。也就是说，利用磁盘、光盘等存储设备存储信息也是信息技术的应用，甚至利用语言和纸张记录和储存信息也是信息技术。

近些年来，随着计算机和信息技术的不断更新和发展，信息技术在英语教学中的应用形式越来越丰富，范围越来越广，融合深度不断加强。从表 8-1 列举的情况可以看出，信息技术与英语教育的融合深度正在逐步提高。但是，从目前英语教学的实际情况来看，还存在不少误区，融合的深度还不够。比如，有些英语学习网站利用信息技术的优势，给学生提供海量的练习题，而这些练习题与传统的纸质资源中的练习题并没有多大的区别，几乎没有信息技术含量。有些学习网站提供的学习活动仍然局限于知识的讲解、记忆、操练等传统的学习方式上。以英语口语训练为目的的学习活动仍然停留在重复、模仿、跟读等阶段。这些做法的信息技术含量仍然很低。有些学习网站为英语教师开发了作业发布平台，教师可以轻松地为学生发布作业，还能借助平台查看学生作业完成情况和批改作业。这种方式虽然有较高的信息技术含量，但是在减轻教师负担的同时，无形之中又加重了学生的学习负担。

除了借助互联网络开发英语学习平台，研究者已经开始探索基于信息技术的英语课堂教学。比如打造智慧课堂，将信息技术和手段应用到日常的课堂教学之中。应该说，这一趋势具有巨大的发展潜力，而且有可能带来革命性的变化。但是，信息技术与英语教学“两张皮”的现象仍然突出。英语课堂上使用的信息技术和手段还没有发挥其真正作用。一位英语教师在课堂上让学生一边听录音一边用手写方式在平板电脑上做记录，然后让学生根据所做的记录回答问题。在这个环节中，在草稿纸上与在平板电脑上做笔记在学习方式上没有本质的区别，不仅平板电脑的优势没有真正发挥出来，而且有些学生由于操作不熟练，在平板电脑上几乎没有记录下有价值的信息。有一位英语教师让学生利用平板电脑做一个信息分类活动。具体做法是：把一些常见食物和饮料的名称罗列在表格里，让学生用拖拽的方式把食品分别拖拽到“健康食物和饮料”与“不健康食物和饮料”两栏里（如下例所示）。

Please decide whether the food and drinks are healthy or unhealthy. Put the words into the two columns.

Healthy food and drinks	Unhealthy food and drinks
vegetables meat eggs milk juice rice noodles potato chips fruit coca cola eggs hamburgers	

以上所举的例子虽然使用了信息技术，但没有真正利用计算机或网络处理信息，也就是说不是真正意义上的英语教学与信息技术的融合。有些英语教师在课堂上确实利用了计算机、网络交流等方法处理了信息，但实际意义并不明显。有一位教师让学生阅读一篇短文，然后在平板电脑上做阅读理解练习（选择题）。学生完成练习后将答案通过网络发送到教师的电脑端，教师利用事先设置的程序统计学生的答题情况，即全班学生针对各道题目的 A、B、C、D 四个选项的选中率。应该说，这样的数据对教师来说是有一定价值的，可以帮助教师了解学生的学习情况。但在课堂教学过程中，向学生展示这些数据的意义不大，而且占用很多时间。

这里需要提醒的是，低程度的融合方式也具有一定的效用，不需要完全抛弃。比如，可以继续借助计算机和网络技术，为学生提供丰富多样的真实语言学习材料，包括音频、视频和文字材料。

第二节 英语教学与信息技术深度融合的建议

英语教学与信息技术的深度融合是大势所趋，前景广泛。但是，英语教学与信息技术的深度融合不只是实践应用问题，不能停留在实际操作层面上，要开展更深入的研究与探索。为此，笔者提出以下建议。

一、借助信息技术继承和发扬英语教学的传统

英语教学有悠久的历史和传统，积累了很多宝贵的经验和做法。无论时代和技术如何发展，英语教与学的有些做法是永远不过时的，是永远需要做的。我们应该利用信息技术把这些事情做得更好、更有效。比如可以利用信息技术为学生提供不断更新的、有针对性的真实英语学习材料，以实现扩大语言输入的目的。再比如，阅读永远是英语学习的重要渠道和方式，借助信息技术，可以使阅读更有效，发挥更大的作用（如基于网络的在线英语阅读平台可以根据学生的阅读能力为学生推送最合适的阅读材料、记录学生的阅读轨迹）。张金泉、臧国宝（2005）提出的信息技术与课程整合环境下的英语教学模式有五种学习模式：实时化学习、个性化学习、讨论式学习、探索式学习和协作式学习。显然，这些学习模式中，除实时化学习以外，其他四种学习模式在以往的教学中业已存在。借助信息技术，这些学习模式可以实现得更好、更充分。比如，基于信息技术建设的学习资源库不仅容量大，而且类型丰富，更有利于满足学生个性化学习和探索式学习的需要；基于网络的虚拟学习社区、在线论坛等能突破时间和空间的限制，为讨论式学习和协作式学习提供更多的讨论和协作渠道。如果以上这些做法得以落实，一定能够助力以发展学生核心素养为目的的英语教学。

二、借助信息技术进行英语教学的创新

由于受各种条件和环境的限制，传统的英语教学方式和途径有很大的局限。借助信息技术，可以做很多以前传统英语教学中做不了的事情。

比如过去学习英语单词发音时，往往只能查音标，再根据语音知识自己发音，也不能判断发音是否准确。现在可以通过听录音来学习单词发音，还可以通过互联网得到实时的反馈。可以通过云计算、大数据、智能化的语音识别技术，及时、准确了解学生的学习情况，如在语言能力发展方面的进步与不足（比如学生在语言产出过程中出现的错误），同时为学习者提供实时的反馈。借助信息技术,学习者可以克服时间和空间的限制，与全球范围内虚拟学习群体成员进行互动。利用学习者在学习过程中产生的大量数据，构建数据分析模型来发现社会关系和有价值的数据信息，通过对平台课程点击量、浏览量的记录和分析，进而预测学习者的学习情况并提出个性化方案，动态地设置学习内容、教学组织形式，满足学习者丰富多彩的学习需求（牛朝晖　等，2017）。

当然，在利用信息技术时，也要注意随之可能出现的新情况。在使用信息技术的课堂上，由于物理环境的分离，师生之间、生生之间的交流需要以计算机网络作为其互动媒介，这在一定程度上给师生之间的交流带来了困难，容易导致有些学生在学习中感到孤独迷茫，久而久之可能会丧失学习的动力和信心（归樱，2006）。国外也有学者指出，新媒体可能有损孩子的正常发展及心理与身体的健康（西堡，2016）。

因此，在推动英语教学信息化的过程中，不能忽视现实环境中师生之间、生生之间的交流与互动。因为教学过程是师生共同参与相互沟通对世界意义进行合作性建构的过程，师生之间、生生之间的互动交流是提高学生交际能力最有效的途径和方法（李广凤　等，2007）。

三、合理应用信息技术，避免误用信息技术

现在的英语教学还有很多误区，有很多普遍存在但并不合理的做法，比如题海战术、机械记忆与模仿、脱离语境的教学等。在英语教育信息化的研究和应用过程中，要避免把信息技术用于这些不合理的做法上。比如，采用题海战术的教师，需要花很多时间收集练习题并打印给学生，之后还要检查学生完成的情况。现在利用信息技术，教师可以很便捷地给学生布置海量的作业，自动检查学生作业的完成情况。我们认为这是信息技术的误用。那些在课堂上简单地将英语课文或课本上的图片搬到

屏幕上的做法并不是真正地在利用信息技术（李广凤 等，2007）。很多课件是灌输性的，有人称之为电灌、电子板书、电子教案。这种课件只是再现书本知识的现式学习，学生仍然是接受性学习，未发挥其主观能动性（张志远，2007）。在信息技术整合的课堂上，学生是知识的主动建构者和运用者，教师则是导引者和帮助者，而自主性学习活动恰恰能体现以学生为主体的教学理念。但在实施这一教学活动时，教师作为引导者、促进者的角色定位存在一些问题，过分强调师生分离，把所有的教学活动都交由学生自己完成（蔡青，2007）。

从某种角度来说，信息技术就是学习的工具。我们要根据学习的需要合理选择和使用这个工具。同时还要注意工具的使用可能带来的负面作用。所有工具的运用都是为使人们的生活变得更加方便、更加简单，因此工具的智能程度与对人智力的要求可以被视为同一个维度的两个极端：随着工具的智能程度增长，对人智力的要求就下降（西堡，2016）。

四、技术人员与英语教学研究人员深度合作

信息技术方面的专业人员可能不熟悉英语教学的需要，而英语教师和教学研究人员可能不熟悉信息技术可以做什么。再先进的技术、再高级的软件，都无法完全代替教师。就英语教学而言，教师和周围学习者的作用更是无可替代。因此，在研究和推广英语教育信息化的过程中，要认真研究教师和周围学习者的作用。信息技术与英语课程整合处于探索研究阶段，教师角色与作用已发生了很大改变，如何使教师在整合中准确定位自己的角色、发挥自己应有的作用是每个教师在教学实践中要考虑的问题（蔡青，2007）。

五、做好英语教学与信息技术深度融合的顶层设计

英语教学与信息技术的融合，只是教育信息化的一个方面。如果要做到英语教学与信息技术真正的深度融合，不能只是在英语学科上做文章，要将其置于学校教育信息化整体框架之下进行推进；要与制度、条件、教学方式等方面的改革协调一致。研究表明，学校信息化的基本目标指向学生发展，它高度依赖学业评价、教学方式变革和教师专业发展，

而学习方式变革依赖于教学条件改变和数字学习资源建设，其核心是学校信息化领导力（黄荣怀　等，2016）。因此，在推进英语教学信息化的过程中，要有整体改革的设计思路和方向，要与其他相关因素协同推进。比如，基于信息技术的英语教学可以带来教育教学方式的变化。但是改革教学方式的主要动力和源泉还是来自教师自身，特别是教师自身的专业发展。互联网促进教育变革的格局正在形成，需要加快对互联网环境下学习规律和教学规律的研究，并在国家教育体制、教育供给和学校办学等方面对互联网环境下的教育综合改革进行系统的、前瞻性的制度设计（黄荣怀　等，2017）。

英语教学与信息技术深度融合的前景十分广阔。在研究和实践英语教学与信息技术深度融合的过程中，要准确把握信息技术的内涵，要全面认识计算机、互联网、人工智能、大数据等硬件和软件在促进英语教与学的过程中的作用；要充分考虑应用信息技术的实效性，避免走形式、走过场，避免为了应用而应用的做法；要遵守经济原则，避免把简单问题复杂化，避免应用信息技术解决简单问题的做法；要跟踪信息技术应用的实效性，不断优化英语教学与信息技术深度融合的方式；要加强英语教学与信息技术深度融合的理论和实践研究，研究理论模型和实际操作的过程与方法。

注：本章的主体内容曾以《英语教学与信息技术的深度融合》为题发表于《中小学数字化教学》2018 年第 1 期。

第九章　核心素养下英语课程资源的开发与利用

俗话说，巧妇难为无米之炊。实施英语课程改革，必须有相应的条件和资源。无论是教师的教学，还是学生的学习，都需要有适当的环境、材料、工具以及无形的规章、制度、氛围、思想、理念、方法等。这其中就包括我们通常所说的课程资源。没有课程资源的保障，任何课程都难以得到有效的实施，有效教学也难以实现。正如张廷凯（2012）所指出的，在学校课程与教学实践中，课程资源的开发与有效教学是交叉和结合在一起的；课程资源的合理开发和利用，使有效教学得到相应的支撑和扩展。也就是说，只有合理开发和利用课程资源，才能实现有效教学，从而达成既定的课程目的与目标。过去以传授知识和训练技能为本的课程资源已不能适应新形势的需要。以应试为目的的教辅资料更是不利于核心素养的培养。核心素养背景下，课程资源的开发与利用显得尤其重要。

第一节　合理开发与利用课程资源的意义

基础教育课程改革高度重视课程资源的开发与利用。教育部 2001 年发布的《基础教育课程改革纲要》（教育部，2001）要求各地教育行政部门和学校在实施课程改革过程中，积极开发并合理利用校内外各种课程资源，特别是信息化课程资源。这一精神也体现在英语课程改革之中。2001—2012 年期间颁布的三个版本的英语课程标准都专门设置了“课程资源的开发与利用”一节，对英语课程资源的开发与利用提出了明确的要求和建议。《普通高中课程方案（2017 年版）》专门针对开发与利用课程资源提出了指导性意见，要求统筹各方力量，创设课程实施条件和环境，开发课程实施所需要的资源，为学生提供丰富、便利的实践体验机会。学校要系统规划校内外课程资源的使用，提高课程资源的有效性和利用率（教育部，2018a）。《普通高中英语课程标准（2017 年版）》也指出，要改善教学条件，开发多种形式的英语教学资源，要将信息网络资源融入英语课程资源体系，建立课程资源库，推动各地各校的资源共享；鼓励和支持学校充分利用校内外资源开发校本课程（教育部，2018b）。

英语教育界也越来越重视课程资源的开发与利用的研究。曹进等（2007）探讨了基于计算机与网络技术的外语课程资源整合策略。王淑敏（2010）阐述了如何以网络教学平台为依托，以现代信息技术为手段，探索性地开展以任务完成、问题解决为目的的网络英语课程学习环境的开发、设计及资源的建设。也有研究者探讨了如何利用网络资源来提高英语课堂语言知识和语言技能教学的效果。比如，徐启龙（2009）讨论了网络语料库在英语词汇教学中的应用模式以及该教学模式对提高英语词汇教学效益的作用。一线英语教师和教研员也开展了实践层面的探索。比如，郑秋秋（2008）介绍了如何充分利用信息技术和影视教学资源开发和实施高中英语“影视欣赏”校本课程。

在以发展学生英语学科核心素养为宗旨的新课程背景下，大力开发并合理利用课程资源意义重大，主要表现在以下几个方面。

第一，开发和利用英语课程资源可以为学生的核心素养提供优质的“营养”来源。正如青少年身体发展需要物质营养，学生发展英语学科核心素养也需要营养。这种营养就是丰富、多样、优质的课程资源。比如，为了学习英语，学生需要接触大量地道的英语语言素材，包括各种题材、体裁以各种媒介形式承载的口头和书面语篇以及音像材料。显然，英语教材是不能完全满足这一需求的。因此，需要大力开发符合核心素养背景下学生学习需求的学习资源。

第二，开发和利用英语课程资源可以满足不同学生的个性化学习需求。由于学生已有的学业基础、学习能力、学习风格以及学习目标都存在差异，他们需要差异化和个性化的学习资源。只有大力开发和利用教材以外的课程资源，才能真正落实课程标准所倡导的“满足学生个性发展需求”的课程理念（教育部，2018b）。

第三，教师积极参与英语课程资源的开发和利用，可以提高教师践行核心素养下新课程理念的能力，提高教师创造性地设计课程内容、组织和实施课堂教学活动、评价教学效果的能力。通过研究、开发和利用课程资源，教师还可以逐步形成设计和开发校本课程和特色课程的能力。

第四，系统地开发和利用英语课程资源，有利于学校和教育管理部门规范教材以外的课程资源的开发和选用，也有利于通过正规渠道将优质的社会教育资源纳入学校的课程资源体系，避免粗制滥造的教辅资料充斥英语课堂。

第二节 英语课程资源开发与利用中存在的问题

教育行政部门和学界都已经认识到开发与利用英语课程资源的重要性，学界和一线教师也做出了努力，取得了一些经验和成果。但是，总体来看，英语课程资源的开发与利用还存在一些值得关注的问题。

一、缺乏基础研究和理论指导

根据笔者的观察，对于英语课程资源的开发与利用，一线英语教师和教研员关注较多，高校和研究机构学者关注较少；实践经验交流与分享类的文章较多，理论探讨和效果验证的研究较少。给人的印象是，英语课程资源的开发与利用只是一个实践操作层面的问题，无须理论研究和指导。笔者在中国知网检索相关文献时，也印证了这一观察和印象。高校和研究机构的学者鲜有深入探讨基础教育阶段英语课程资源开发与利用的问题，更没有就此问题提出理论构想或实证研究。虽然一线英语教师和教研员发表的相关文章不胜枚举，但这些文献基本上都是以交流经验和体会为主的短小文章。不过，笔者也发现，教育学（特别是课程与教学论）背景的研究者在这方面的理论研究已经开展得非常深入。比如，吴刚平（2009）从理论和实践层面探讨了中小学课程资源开发与利用的若干问题；张廷凯（2012）深入剖析了课程资源的开发与利用和有效教学的关系。可见，并非学界没有关于课程资源开发与利用的理论研究，只是英语教育界关于英语课程资源的开发与利用的研究还没有上升到理论研究层面，也还没有充分汲取和借鉴教育学领域关于课程资源开发与利用的研究成果。

英语教学与其他学科的教学，既有共同之处，也有很多独特性。适用于英语教学的课程资源也有其独特性。究竟什么样的课程资源有助于提高英语教学的实际效果，目前还是一个尚待研究的问题。张廷凯（2012）指出，学界对课程资源的意义、定义、分类、程序开发等方面的研究比较充分，但对课程资源如何促进教学效能的提升的研究还不够。

二、对课程资源内涵的把握不够准确

由于缺乏有关英语课程资源的基础研究，在英语教育界，无论是一线英语教师，还是高校和研究机构的研究者，对英语课程资源内涵的把握还不够准确。有时对课程资源的定义过于狭窄，如英语课程资源是实施英语课程过程中可利用的人力、物力等资源的总和。其中人力资源主要有教师、学生、同伴、外籍人士；物力资源主要有教材、挂图、录音录像、报纸、杂志、网络、图书馆、博物馆、标牌广告、商品说明等。这个定义实际上只包括了人力和材料，未包括时间等重要资源，也未包括理念、思想、制度、文化等隐性课程资源。与上述定义相反，有些研究者对课程资源的定义又过于宽泛，几乎无所不包。比如，有研究者（如：杨秀岚，2013）定义的隐性英语课程资源包括英语的本质、英语的思想、英语的技巧、英语的思维、英语学习的价值、语言文化的精神等方面。如果将这些方面也纳入英语课程资源的范畴，恐怕一线英语教师很难理解这些资源究竟是什么，更谈不上如何合理开发和利用这些资源了。再比如，良好的校园环境确实有利于促进学生的学习。但是，有些关于英语课程资源开发与利用的讨论过于强调校园环境（如校园的建筑、教室、设备、雕塑、绿地、校服、标语等方面）的作用。这也是课程资源概念泛化的表现。

如果对英语课程资源内涵把握得不够准确，在开发与利用课程资源时，肯定会走入误区，开发的课程资源可能不是英语教学真正需要的课程资源。当然，对于不同的受众（如研究者和一线英语教师），英语课程资源可以有不同的定义。但是这些定义应该是相互契合的，只是提炼和概括的程度不同而已。

三、仍然存在局限于教材的倾向

在过去相当长的时间里，由于学习资源匮乏，英语教学主要围绕教材开展课堂教学活动或课后作业与练习。现在，英语学习资源越来越丰富，但囿于英语教材的教学仍然十分普遍。受这一现象的影响，英语课程资源的开发与利用也往往围绕教材“转圈圈”。很多一线教师认为，开发和利用英语课程资源无外乎就是补充一些与教材相关的学习材料，特别是教辅资料。大多数教师开发和利用课程资源，基本上是以教科书为开端，当教师认为教科书的设计或内容不适合学生时便会选择开发利用课程资源。在这里，开发利用课程资源就成为教科书的辅助要素与材料（彬彬 等，2014）。其他学科也有类似的情况。张廷凯（2012）指出，尽管新课程标准对支撑各科教学的课程资源做出了明确的规定，但在实际教学中围绕教学任务，教师过于依赖教科书、教参和教辅的情况没有得到根本的改变。长久以来，中小学教师在对教科书的高度信赖基础上养成了对教科书的高度依赖，同时也理所当然地把教参、教辅当成最重要的或者是唯一的课程资源。另外，这类教学资源制作中还存在很多质量问题（刘道义，2009）。

教材是重要的课程资源，但也只是课程资源的组成部分，而不是全部。英语课程资源的开发与利用可以适当考虑教材因素，如根据教材的难易度、教材的知识与能力体系开发教材以外的学习材料。但是，如果所有的英语课程资源的开发与利用都仅仅围绕教材“转圈圈”，那么即使做得再好，充其量也只是开发了课程资源的一个组成部分。

四、课程资源意识淡薄

正如前文所述，自实施基础教育课程改革以来，有关课程改革的指导性文件和课程标准都非常强调英语课程资源的开发与利用。但是，总体来看，目前英语教师、学校以及相关管理部门的课程资源意识还比较淡薄。所以，尽管关于英语课程资源的开发与利用的经验介绍与分享类文章不少，但真正结合实际教学需要开发并合理利用课程资源的案例还是不多。偏远地区和经济欠发达地区的情况更为突出。据殷刚魁、赵登明（2007）的报告，西部中学英语教师教育观念落后，课程资源意识淡薄，课程资源开发、利用程度较低。课程资源使用品种单一、形式单调，使用内容上局限于课本、练习册等传统资源，使用时间局限于课堂，英语学习还停留在课堂、书本层面，对现代媒体资源的利用率偏低。

第三节 开发与利用英语课程资源的建议

根据当前英语课程改革的精神和要求，结合英语课程资源开发与利用中存在的问题，笔者就今后的研究和实践提出以下建议。

一、准确把握英语课程资源的实质内涵

《现代汉语词典（第7版）》中，“资源”的本义是“生产资料或生活资料的来源”。但是，这个词的引申含义已经包括人力、物力、财力等有形的和环境、材料、思想等无形的资源。同理，课程资源的含义也不仅仅指有形的物资来源，还包括人力，甚至经验、思想、制度等。笔者认为，吴刚平（2009）提出的课程资源分类体系值得参考。该体系把课程资源分为素材性资源和条件性资源两大类及若干小类（详见表9-1）。素材性资源可以直接作用于课程，并且能够成为课程的素材或来源，它是学生学习和收获的对象。条件性资源的特点是作用于课程，但并不是形成课程本身的直接来源。它不是学生学习和收获的直接对象，但在很大程度上决定着课程的实施范围和水平。

表9-1 课程资源的分类（吴刚平，2009）

课程资源	素材性资源	外在物化载体：如承载课程知识、技能和其他信息的课程标准、教材、参考书、练习册、考试卷等文本以及相应的音像资料等
		内在生命化载体：如师生在教学交往中形成的经验、感受、理解、创意、问题、困惑、方式、方法、情感、态度、价值观等
	条件性资源	设施和设备：如教学馆室、活动场地、实践基地、教学设备、教学用具等
		作息时间：如上课时间、运动时间、自习时间、娱乐休闲时间等

表9-1呈现的课程资源分类框架中，素材性资源不仅包括大家经常

提及的外在物化载体资源，还包括内在生命化载体资源，如师生在教学和交往中形成的经验、感受、理解、创意、问题、困惑、方式、方法、情感、态度、价值观等。现在很多学校的物质条件不错，但是在课程设计与实施的方向、理念、方法等方面缺乏支持。其实这也是缺乏课程资源的表现。目前已经有一些学校开始尝试解决这一问题，如邀请专家到学校调研、诊断、评估，进而就课程设计和实施提出具体建议。

值得注意的是，吴刚平（2009）提出的课程资源分类体系并不针对具体学科。因此，就英语学科而言，在借鉴该分类体系时，应充分考虑英语学科的特点和需要。比如，就外在物化载体而言，英语学科的课程资源不能局限于教材、参考书、练习册、考试卷等，而要重视英语分级读物、英语音像材料及线上和线下的英语学习软件等资源的开发与利用。

另外，就英语学科而言，还有一些课程资源似乎看不见、摸不着，也不一定构成体系，但这些资源非常广泛。有研究者把这类资源称为“隐性课程资源”。据盛迪韵（2007）介绍，日本小学大力倡导的体验性学习也是一种隐性课程资源：让学生亲手制作学习道具，结伴到各行各业中寻找英语素材，到社区中与外国人交流，参加英语夏令营，聘请外国人到学校做讲座等。其目的就是要让学生发现生活中无处不在的英语资源，体验“活”的英语。

二、突破教材的制约，克服课程资源开发的瓶颈

教材在课程实施过程中发挥着巨大作用，但教学不能局限于教材。英语教材编写周期长，更新慢；受教材容量限制，教材所选语篇篇幅短小；受媒介形式所限，教材中非文字材料所占比例偏低。合理开发与利用英语课程资源的目的之一，就是为了克服教材的局限性。因此，在开发与利用英语课程资源的过程中，一定要敢于突破教材的限制，合理构建课程资源的结构和功能。吴刚平（2009）指出，课程资源特别是那些涉及客观知识的素材性课程资源的选择，要注意它的真实性和可靠性。特别是在当前建设创新型国家的背景下，我们尤其要勇于打破教学就等于传递知识结论的思维定势，同时更要宽容和培养学生对于课程资源的质疑和批判精神，培养学生的自主创新意识和独立人格。

一线教师也积极参加开发与利用英语课程资源的工作，而且往往能够结合教学实际开发和利用课程资源。但是这些教师的有些做法过于“实际”。彬彬、孔凡哲（2014）指出，教师往往基于具体的教学内容或知识点来思考开发与利用课程资源。教师开发与利用课程资源的活动基本都指向了如何处理教学内容，特别是达成既定知识教学目标。这样就失去了开发与利用课程资源促进学生全面可持续发展的本质和完整的意义。

所以，在开发素材性英语课程资源时，要特别注意选用真实、地道、完整、多样的英语材料，而不要一味地围绕教材来开发练习题、检测题、导学案等教辅类学习材料。另外，要特别注意从教学需要的角度来考虑课程资源的开发与利用，不能一味地从考试的需要去开发所谓的应试资源。

三、要与课程改革的其他环节协同发展

课程资源的开发与利用应始终与课程改革的其他环节协同发展。新的课程体系、课程实施过程、教育教学方法都需要新的课程资源做保障；同时，课程资源的开发与利用又要满足课程实施的需要，特别是要符合新的教育教学理念。围绕教材来开发练习题、检测题、导学案等教辅类学习材料仍然是应试教育的体现，既不利于学生核心素养的发展，也不利于教师大胆探索新的英语教育教学方法。张廷凯（2012）指出，在课堂这样一个围绕教科书为中心的封闭的教学空间是难以发生学习方式的重大转变的，而教学空间和课程资源一旦拓展，教师和学生就很难延续课堂原有的教与学的方式，需要根据不同的资源，寻找最佳的学习与教学方式。也就是说，课程资源的开发与利用和教学理念、教学方法的更新应该是同步进行的。

开发与利用英语课程资源不应该只是以促进课堂教学为目的，还应该充分考虑学生课堂之外学习过程和环节的需要，同时还要考虑教师教学资源储备和教师自身专业发展的需要。吴刚平（2009）强调，开发和利用课程资源特别是素材性课程资源，必须反映教育的理想和目的、社会发展需要、学生发展需求、学习内容的整合逻辑和师生的心理逻辑。为此，在对课程资源进行筛选时还必须注意坚持优先性、适应性和科学

性的原则要求。

四、各司其职，把握课程资源开发与利用的重点

开发与利用课程资源是实施英语课程改革的一个重要环节，也是一项系统工程。如前文所述，课程资源既包括素材性资源，也包括条件性资源；既包括外在物化载体资源，也包括内在的隐性资源，如思想、经验、创意、方法、情感态度和价值观等。开发与利用课程资源的责任主体包括教育行政部门、学校、研究和出版机构、教师，甚至还包括学生、家长、社会团体。鉴于课程资源体系庞大、种类繁多，课程资源责任主体多元化，开发与利用英语课程资源要做到各司其职，突出重点。比如，就设施和设备等条件性资源而言，教育行政部门和学校应该是责任主体。而内在生命化载体资源的开发与利用，教师、校长和研究机构的责任更大一些。另外，课程资源的开发与利用要有规划，长期建设与短期建设相结合。吴刚平（2009）建议，逐步把素材性课程资源建设作为整个课程资源建设的重点工作予以落实。

五、注重信息技术的应用

《普通高中英语课程标准（2017 年版）》指出，应重视现代信息技术背景下教学模式和学习方式的变革，充分利用信息技术，促进信息技术与课程教学的深度融合，根据信息化环境下英语学习的特点，科学地组织和开展线上和线下混合式教学，丰富课程资源，拓展学习渠道。在课程实施过程中，应重视营造信息化教学环境，及时了解和跟进科技的进步和学科的发展，充分发挥现代教育技术对教与学的支持与服务功能，选择恰当的数字技术和多媒体手段，确保虚拟现实、人工智能、大数据等新技术的应用有助于促进学生的有效学习和英语学科核心素养的形成与发展。

就英语学习而言，对大多数中国学生来说，学习资源并不充分。而利用信息和网络技术则有助于缓解这一问题。比如可以利用信息技术为学生提供不断更新的、有针对性的真实英语学习材料，以扩大语言输入。阅读永远是英语学习的重要渠道和方式，借助信息技术可以使阅读更有

效，发挥更大的作用。基于网络的在线英语阅读平台可以根据学生的阅读能力为学生推送最合适的阅读材料以及记录学生的阅读轨迹。基于信息网路技术建设的学习资源库不仅容量大，而且类型丰富，更有利于满足学生个性化学习和探究性学习的需要。基于网络的虚拟学习社区、在线论坛等可以为讨论式学习和协作式学习提供更多的合作和协作渠道，而且还能突破时间和空间的限制。这些都是能够促进英语学习的有形或无形的课程资源。

注：本章的主体内容曾以《课程改革背景下英语课程资源的开发和使用：问题与建议》为题发表于《课程·教材·教法》2019 年第 3 期。

第十章　英语教育展望

改革开放以来，我国的英语教育取得了显著成绩。英语教育为国家经济、文化、教育等方面的建设和发展做出了重要贡献。基础教育阶段的英语教育是我国英语教育事业的重要组成部分，是高等英语教育的基础，也是提高中小学生综合素养的重要途径。2001年开始实施基础教育英语课程改革以来，中小学英语教育又上了一个新台阶。但是，我国基础教育阶段的英语教育还不能满足国家、社会和个人的需要，还未能充分体现英语教育应该具有的价值，还未能实现英语教育效果的最大化。英语教育还有进一步发展的需要，也有进一步发展的空间。随着基础教育课程改革的进一步推进，中小学英语教育也会呈现新的发展趋势。在核心素养背景下，中小学英语教育将迎来新的发展契机，也面临新的挑战。

第一节 英语教育的发展趋势

根据目前我国在政治、经济、文化、教育、科技等方面的建设和发展的需要，我国中小学英语教育的现状，以及国际范围内外语（特别是英语）教育的发展态势，在未来的一段时间里，我国的中小学英语教育可能有以下发展趋势。

一、英语及英语教育的重要性不会降低

尽管英语及英语教育的重要性是众所周知的，但是在过去的几十年里，总有一些对英语及英语教育质疑的声音。有些是针对英语教育教学方法有效性的质疑，有些则是对英语教育价值和意义的质疑。在最近的几年里，关于英语考试改革的讨论不断出现在各种公众媒体上，涉及的主要问题包括：高考究竟要不要考英语（或其他外语语种）？如果不在统一的高考时间进行英语考试或实行社会化英语考试，是否意味着英语不重要或国家对英语不重视？英语在高考中的分值是否会减少？英语高考改革对学校的英语教育教学和校外英语教学可能带来哪些影响？英语高考改革对英语教师的职业前景是否会产生影响？英语及英语教育的重要性会不会降低？虽然这些只是一些讨论，但在社会上造成了英语及英语教育的重要性可能降低的印象。

进入 21 世纪以来，世界各国纷纷启动以核心素养为基础的教育目标体系研究，建构符合本国或本地区实际需要的核心素养体系，并在此基础上提出以培养学生核心素养为基础的课程改革方案。美国、法国、芬兰、匈牙利、澳大利亚、日本等国家以及经合组织等国际组织制定或提出的学生核心素养体系中都包含语言文字素养，其中包括母语素养和外语或第二语言素养，具体表述有“互动使用语言、符号与文本的能力”“外语交流能力”“语言技能”“阅读理解沟通表达”等。

随着我国进一步改革和开放，国际化趋势将会日益凸显。英语是当今世界广泛使用的国际通用语，是国际交流与合作的主要沟通工具，是

思想与文化的重要载体。因此，英语素养是外语核心素养的重中之重。英语素养的培养必须以相应的课程体系和评价体系为依托。因此，基础教育阶段开展英语教育，事关我国学生核心素养的培养，是不可动摇的教育大政方针。

二、英语教育的育人价值将进一步突显

英语教育的目的不仅要使学生掌握另外一种交流工具，而且应该通过英语学习达到育人的目的。英语本身确实有其功能和作用。英语作为一种语言，承载着英语母语者的文化和思维，也是人与人交流和学习的工具。英语教育的意义除英语本身有用之外，还包括学习英语的过程的作用。比如，学习英语可以促进心智和思维能力的发展；学习英语可以促进学生跨文化意识的培养，增强学生的国际理解，扩大国际视野，提高跨文化交流的能力；英语教育还能够促进学生的情感和审美能力的发展。这些都是英语人文性的体现。过去的英语教育更多地关注英语作为交流和学习的工具，对英语课程的育人作用强调得不够。今后，必须加强对英语课程育人作用的研究与宣传。

突出英语学科人文性的一个重要举措是以核心素养为基础来设置课程的内容和目标。这一举措与以往的课程内容和目标的主要区别在于，除了重视发展学生的学科能力，还凸显了课程的育人价值。甚至可以这样说，育人价值是学科核心素养的基础。

所谓学科的育人价值，是指某个学科的课程内容除使学生学习某些学科知识和发展学科技能之外，还要促进学生在心智能力、情感态度、思想品德、社会责任等方面的发展。基础教育阶段的各门学科都有育人的价值，都可以从不同的角度促进学生的全面发展。英语学科当然也不例外。

长期以来，英语学科一直被认为是一门工具性学科，中小学开设的英语课程在内容选择和目标设置方面具有明显的功利性。其背后的认识是：语言是交流的工具；对于我国学生来说，把英语作为外语来学习，其目的无外乎是使学生掌握另一种交流的工具，以便他们在日后的学习、生活和工作中使用英语。除此以外，学习英语好像没有其他作用。受这

一认识的影响，一些人甚至认为，并非每个学生都需要学习英语，英语课程可有可无，因为并非每个中国人今后都需要使用英语。其实，以上观点是非常片面的，根源在于没有认识到英语课程的育人作用。

的确，对于中国人来说，英语是一门外语。学习英语有利于我们经济、文化、科学技术、国家安全等领域开展对外交流与合作，也有利于我们通过英语来学习科学文化知识。但是，如果仅仅从英语作为交流工具的角度来看待中小学英语学科和英语课程的价值，那必然会贬低英语教育的作用。其实，中小学的英语学科和英语课程，除了可以使学生把英语作为交流工具来学习，还具有多重的育人价值。学习母语使我们学会思维，可以促进我们思维的发展。母语与我们的文化有千丝万缕的联系。同理，英语不仅是交流的工具，也是思维的工具，也与英语国家的文化有千丝万缕的联系。学习英语的过程是学生接触其他文化、形成跨文化理解意识与能力的重要途径，也是促进学生思维能力进一步发展的过程。在当今改革开放的中国，必须培养具有爱国情怀及正确的世界观、人生观和价值观，具有人类命运共同体意识，并具有应对世界多极化、经济全球化和社会信息化能力的人才。如果没有外语学科（特别是英语学科），单靠其他学科是难以实现这样的人才培养目标的。

三、英语教育将进入关键问题的攻坚阶段

在注重英语教育的育人功能的同时，今后的英语教育将强调培养学生的实际语言运用能力，以解决“学了英语不会用”这个老问题。国家层面的一些重要举措（如修订英语课程标准、制定中国英语能力量表、设计英语能力等级考试）都有一个共同的目的，那就是全面提升国民的英语能力。同时，英语教育教学方法的改革也会成为今后一段时期的一项重要任务。知识灌输、死记硬背的教与学的方法已经不能适应新形势的需要。有助于培养学生实际语言运用能力的英语教学方法与途径将成为今后英语教学的主流。就目前的情况来看，英语教育需要解决一些关键问题。

小学、中学、大学阶段的英语教育如何协调和协同？虽然中小学的英语教育与高等学校的英语教育存在很多差异，但也有一些共性。不同

阶段的英语教育在教育政策、课程规划、教育教学目标等方面应该相互衔接和呼应。现在中小学的英语教育与高等学校的英语教育由不同教育部门管理和指导，分别采用不同的课程标准（教学要求）体系和考试与评价体系。研究人员也基本上属于两个不同的“阵营”。中小学英语教育与高校英语教育的衔接和协同是当前宏观层面需要攻克的一个难题。这既需要国家或地方教育部门在制定英语教育政策与规划时通盘考虑，也需要学界在技术层面上开展相关研究。

教学与考试如何做到协调、统一？教学与考试是英语教育的两个方面，相互影响、相互促进。但是，就目前的情况来看，二者脱节的现象仍然存在。比如，在过去的十几年里，普通高中英语课程标准的研制、实施与推广工作和英语高考命题的改革就没有达到完全协同。由于机制、体制等方面的原因，课程标准研制组与高考命题人员之间的沟通与交流并不充分。课程标准与考试的脱节，给一线英语教学造成的影响是十分广泛的。如果不解决好课程标准与考试脱节的问题，课程改革的实施效果将大打折扣。

在今后一段时间，英语教育的途径、方式、手段将发生更大的变化，英语教育信息化的趋势不可逆转。传统的英语教育模式将受到极大的挑战，英语教育任重而道远。如果前面提到的一些改革举措给中小学英语教育教学带来积极的影响，对于英语教师来说，也绝对不是“万事大吉”。因为学生对英语学习可能有更多、更高的需求，比如更合理和更灵活的课程设置、更丰富的学习内容、效率更高的课堂教学方式与方法。教育行政部门、社会、家长对英语教育的期望值可能更高，这就要求英语教师不断改进英语教学，不仅课堂教学要真正培养学生的实际语言运用能力，同时还要确保学生在英语考试中取得好成绩。这样，以往偏重应试教育来提高学生考试成绩的做法可能就不能适应学习的需要了。

关于中小学英语教育的争议还将继续，中小学英语教育还会存在困难和问题，与英语教育相关的政策可能还会有调整，政策的合理性和科学性还有待通过实践来检验。英语教育界学者、一线教师、教研员需要形成共识，坚定信念，敢于担当。

第二节 对英语教育教学的建议

分析英语教育发展趋势以及英语课程和考试改革对英语教育教学可能带来的影响，有利于教师充分认识面临的机遇和挑战。除做好思想准备以外，英语教师还应该采取一些具体的实际行动。以下建议供大家参考。

第一，英语教师要全面、正确把握英语新课程的理念，以新课程的课程目标、课程内容和教学要求为指导，积极、大胆地开展教学研究与实践，切实提高平时课堂教学的科学性和有效性，着重培养学生的英语语言运用能力。尤其是要把重心从备考转向平常的教学。就如健身强体、预防疾病的关键不在于反复进行健康检查和体质检查，而在于平时的体育锻炼和合理饮食。提高学生英语考试成绩的关键不在于备考，而在于科学、合理地设计和实施课堂教学。

第二，英语教师要正确认识和把握学与教的关系。从本质上讲，语言是学会的，不是教会的。在英语学习的过程中，教师的重要作用不可忽视，但关键还在于学生自己的学习。教师需要创造条件，使学生能够大量地接触、体验和感知语言，在语言实践活动中积极尝试使用语言，内化语言知识，发展语言运用能力。

第三，即使是备考，也要科学、有效地备考。教师要认真研究考试究竟考什么。不少教师往往过多地关注考试题型，而对考试实际考查的内容不够重视，或者一味强调试题涵盖的语言知识，而不是试题考查的语言运用能力。很多英语教师在教学中仍然花大量的时间讲解语言知识点，而不够重视语言运用能力的培养。他们认为英语考试主要还是考查英语语言知识。其实，基于核心素养的英语考试，不仅注重对语言运用能力的考查，还要加强对情感态度、文化意识、思维品质的考查，单纯考查知识点的试题将越来越少。

第四，英语教师要不断更新专业知识，提高英语教学能力。随着英语教学研究的发展，人们对英语学习、英语教学的一些关键问题的认识也在不断进步，也提出了一些更有效、更合理的教学途径和方法。英语教师要通过各种途径了解英语教学研究的进展，尝试使用新的教学途径和方法。同时，教师还要不断提高自己对英语语言、英语国家文化的认识，尤其要了解语言使用的变化。这样，教师的教学才能满足新时期学生对英语学习的需求和期望。

在以发展学生核心素养为宗旨的课程改革背景下，英语教师自己也要全方位提高教育教学方面的专业素养。束定芳（2005）的研究结果表明，合格外语教师的素质包括以下几个方面：专业知识与专业技能、教学组织能力与教学实施能力、人品修养与性格、现代语言学知识、外语习得理论知识以及外语教学法知识。英语教师可以根据以上几方面的素质反思和对照自己的素质，不断完善和提高各方面的专业知识和能力。

根据笔者近些年观察的情况来看，英语教师的语言素养和语言意识并不理想，从而在很多方面制约教学能力的发展。语言教师应具备的语言意识与其他人的语言意识有所不同。语言教师是语言使用者、分析者、讲授者。教师的语言意识影响教学行为，完备的语言知识能够提升教师教学的有效性。在此，笔者强烈建议一线英语教师要学习语言学，特别是语篇语言学（语篇分析）方面的知识。

当然，懂外语的人并不一定能胜任外语教学。外语教学有自己的特点，教师需要遵循语言学习的规律，选择恰当的教学方法，调动学生积极参与语言实践活动，培养学生的自主学习能力。为此，外语教师需要学习和了解语言学习理论、语言教学理论、外语语言学、教育心理学和课堂教学管理的基本原则。

参考文献

BACHMAN L F, PALMER A S, 2010. Language assessment in practice[M]. Oxford : Oxford University Press.

BLASS L, VARGO M, 2013. Pathways 2 : reading, writing, and critical thinking[M]. Boston : Cengage Learning, Inc.

BORODTSKY L, SCHMIDT L, PHILLIPS W, 2003. Sex, syntax, and semantics[C]// GENTNER D, GOLDIN-MEADOW S. Language in mind : advances in the study of language and thought. Cambridge, Mass. : The MIT Press : 61–79.

COSTIGAN A, 2019. An authentic English language arts curriculum: finding your way in a standard-driven context[M]. New York: Routledge.

DUKE N K, PURCELL-GATES V, HALL L, et al., 2006. Authentic literacy activities for developing comprehension and writing[J]. The reading teacher, 60 (4) : 344–355.

ENKVIST N E, 1978. Coherence, pseudo-coherence, and non-coherence[C]// ÖSTMAN J O. Cohesion and semantics. Abo: Akademi Foundation : 109–128.

FORSYTH W, 2000. Clockwise intermediate (Class book) [M]. Oxford : Oxford University Press.

LEWKOWICZ J A, 2000. Authenticity in language testing : some outstanding questions[J]. Language testing, 17 (1) : 43–64.

POLETTE N, 2007. Teaching thinking skills with picture books, K-3 [M]. Westport, CT : Teacher Ideas Press.

PUCHTA H, STRANKS J, LEWIS-JONES P, 2016a. Think (Student's Book, Starter) [M]. Cambridge : Cambridge University Press.

PUCHTA H, STRANKS J, LEWIS-JONES P, 2016b. Think (Student's Book, Level 3) [M]. Cambridge: Cambridge University Press.

RICHARDS J C, 2001. Curriculum development in language teaching[M]. New York: Cambridge University Press.

RICHARDS J C, 2015. Key issues in language teaching[M]. Cambridge: Cambridge University Press.

SHIN D, 2012. Item writing and writers[C]//FULCHER G, DAVIDSON F. The routledge handbook of language testing. London and New York: Routledge: 237-247.

SHOHAMY E, REVES T, 1985. Authentic language tests: where from and where to?[J]. Language testing, 2 (1): 48-59.

SPOLSKY B, 1985a. The limits of authenticity in language testing [J]. Language testing, 2 (1): 31-40.

SPOLSKY B, 1985b. What does it mean to know how to use a language? An essay on the theoretical basis of language testing[J]. Language testing, 2 (2): 180-191.

VARGO M, BLASS L, 2013. Pathways 1: reading, writing, and critical thinking[M]. Boston: Cengage Learning, Inc.

WATERS A, 2006. Thinking and language learning[J]. ELT journal, 60 (4): 319-327.

WILLIAMS J, 2016. 21st century communication 2: listening, speaking and critical thinking[M]. Boston: National Geographic Learning.

WU W M, STANSFIELD C W, 2001. Towards authenticity of task in test development[J]. Language testing, 18 (2): 187-206.

YULE G, 2014. The study of language[M]. 5th ed. Cambridge: Cambridge University Press.

彬彬，孔凡哲，2014. 试析教师开发利用课程资源的实践困惑[J]. 中国教育学刊（11）：68-72.

蔡青，2007. 信息技术与英语教学整合过程中的教师角色定位及问题分析[J]. 外语电化教学（115）：58-61.

蔡清田，2015. 台湾十二年国民基本教育课程改革的核心素养[J]. 上海教育科研（4）：5-9.

曹进，王灏，2007. 基于计算机与网络技术的外语课程资源整合策略研究[J]. 外语电化教学（115）：53-57.

曹培英，2015. 从学科核心素养与学科育人价值看数学基本思想[J]. 课程·教材·教法，35（9）：40-43.

常珊珊，李家清，2015. 课程改革深化背景下的核心素养体系构建[J]. 课程·教材·教法，35（9）：29-35.

陈胜，2017. 从思维品质培养视角看初中英语阅读教学中的问题设计[J]. 中小学外语教学（中学篇）（4）：10-14.

陈新民，2014.《历史与社会》课程价值的再认识[J]. 教育理论与实践，34（32）：40-42.

陈艳君，刘德军，2016. 基于英语学科核心素养的本土英语教学理论建构研究[J]. 课程·教材·教法，36（3）：50-57.

成尚荣，2015. 回到教学的基本问题上去[J]. 课程·教材·教法，35（1）：21-28.

程晓堂，2009. 英语教师课堂话语分析[M]. 上海：上海外语教育出版社.

程晓堂，2010. 论英语教师课堂话语的真实性[J]. 课程·教材·教法，30（5）：54-59.

程晓堂，2014. 关于当前英语教育政策调整的思考[J]. 课程·教材·教法，34（5）：58-64.

程晓堂，2015. 英语学习对发展学生思维能力的作用[J]. 课程·教材·教法，35（6）：73-79.

程晓堂，2016. 英语课堂上究竟应该做什么？[J]. 山东外语教学，37（1）：61-67.

程晓堂，2017. 英语学科核心素养及其测评[J]. 中国考试（5）：7-14.

程晓堂，2018. 英语教学与信息技术的深度融合[J]. 中小学数字化教学（1）：6-9.

程晓堂，但巍，2012. 基础教育阶段英语课程的核心理念解读[J]. 课程・教材・教法，32（3）：57-63.

程晓堂，岳颖，2011. 语言作为心智发展的工具：兼论外语学习的意义[J]. 中国外语，8（1）：51-57.

程晓堂，赵思奇，2016. 英语学科核心素养的实质内涵[J]. 课程・教材・教法，36（5）：79-86.

褚宏启，张咏梅，田一，2015. 我国学生的核心素养及其培育[J]. 中小学管理（9）：4-7.

高见，张宜，2012. 新托福考试理念对大学英语教学改革的启示[J]. 沈阳师范大学学报（社会科学版），36（3）：140-143.

龚亚夫，2012. 论基础英语教育的多元目标：探寻英语教育的核心价值[J]. 课程・教材・教法，32（11）：26-34.

龚亚夫，2014. 英语教育的价值与基础英语教育的改革[J]. 外国语，37（6）：18-19.

归樱，2006. 网络环境下的合作学习研究[J]. 外语电化教学（108）：8-12.

郭宝仙，章兼中，2017. 英语学科中思维能力的培养[J]. 课程・教材・教法，37（2）：80-86.

韩宝成，2010. 关于我国中小学英语教育的思考[J]. 外语教学与研究，42（4）：300-302.

韩宝成，刘润清，2008. 我国基础教育阶段英语教育回眸与思考（一）：政策与目的[J]. 外语教学与研究，40（2）：150-155.

何永欣，2003. 浅谈中学外语教学中英语思维能力的培养[J]. 内蒙古师范大学学报（教育科学版），16（3）：114-115.

黄大勇，2004. 语言测试中的真实性概念[J]. 语言教学与研究（2）：77-80.

黄慧，2013. 试论叙事—主题式教学模式：以英语阅读教学为例[J]. 外国语文，29（4）：138-141.

黄荣怀，刘德建，刘晓琳，等，2017. 互联网促进教育变革的基本格局[J]. 中国电化教育（1）：7-16.

黄荣怀，刘晓琳，杜静，2016. 教育信息化促进基础教育变革的影响因素研究[J]. 中国电化教育（4）：1-6.

黄维强，2017. 在英语阅读教学中融入思维品质培养的实践[J]. 中小学外语教学（中学篇）（11）：6-12.

黄小燕，2017. 基于核心素养的英语语言能力测评[J]. 中小学外语教学（中学篇）（2）：54-58.

黄远振，2017. 英语为思而教：从“必须”走向“可能”[J]. 中小学外语教学（中学篇）（7）：1-6.

蒋楠，2004. 外语概念的形成和外语思维[J]. 现代外语，27（4）：378-385.

教育部，2001. 基础教育课程改革纲要（试行）[M]. 北京：北京师范大学出版社.

教育部，2003. 普通高中英语课程标准（实验）[M]. 北京：人民教育出版社.

教育部，2012. 义务教育英语课程标准（2011 年版）[M]. 北京：北京师范大学出版社.

教育部，2014. 教育部关于全面深化课程改革落实立德树人根本任务的意见[Z].（2014-03-30）[2014-04-08]. http：// www.moe.gov.cn/srcsite/A26/jcj_kcjcgh/201404/t20140408_167226.html.

教育部，2018a. 普通高中课程方案（2017 年版）[M]. 北京：人民教育出版社.

教育部，2018b. 普通高中英语课程标准（2017 年版）[M]. 北京：人民教育出版社.

教育部考试中心，2018. 积极引导素质教育 促进英语教学改革：2018 年高考英语试题评析[J]. 中国考试（7）：13-16.

乐中保，2008. PISA 中阅读测试的测评框架与设计思路：兼谈对我国阅读测试的启示[J]. 河北师范大学学报（教育科学版），10（6）：32-35.

雷新勇，2012. 建构国家基础教育学业质量标准的思考[J]. 基础教育课程（7）：58–61.

黎明，2011. 修辞学：作为一种言谈智慧——简论维柯的广义修辞学思想[J]. 当代修辞学（5）：88–94.

李爱云，2017. 在初中英语语法教学中渗透思维品质的培养[J]. 中小学外语教学（中学篇）（1）：48–54.

李广凤，武云斐，2007. 试论信息技术与英语任务导向型教学模式的整合[J]. 课程·教材·教法，27（8）：46–50.

李华，2013. 中学英语教学中高阶思维能力的培养[J]. 教育导刊（3）：79–82.

李养龙，李莉文，2013. 高考英语科阅读能力测试与思辨能力培养：基于布卢姆认知能力分层理论的探讨[J]. 山东外语教学（2）：56–61.

李艺，钟柏昌，2015. 谈“核心素养”[J]. 教育研究（9）：17–23.

李运林，2017. 正确认识与践行教育信息化：七论信息化教育暨纪念南国农先生逝世三周年[J]. 电化教育研究（11）：5–10.

李祖祥，2012. 主题教学：内涵、策略与实践反思[J]. 中国教育学刊（9）：52–56.

刘道义，2009. 中小学英语教育发展进程中的问题和建议[J]. 课程·教材·教法，29（2）：45–51.

刘道义，2018. 谈英语学科素养：思维品质[J]. 课程·教材·教法，38（8）：80–85.

刘晖，2005. 对艺术课程标准的文化定位[J]. 教育评论（5）：86–88.

刘晶晶，2014. 澳大利亚基础教育国家学业质量标准述评[J]. 教育科学，30（6）：85–90.

刘利民，2016. 跨文化交际的哲学理解与外语教学中的文化传授[J]. 语言教育，4（1）：2–7.

刘庆思，2017. 高考英语学科 40 年[J]. 中国考试（2）：13–19.

刘晟，魏锐，周平艳，等，2016. 21 世纪核心素养教育的课程、教学与评价[J]. 华东师范大学学报（教育科学版）（3）：38–45.

刘新阳，裴新宁，2014. 教育变革期的政策机遇与挑战：欧盟“核心素养”的实施与评价[J]. 全球教育展望，43（4）：75-85.

刘学惠，2017.“人与自然”主题在英语学科中的教育意涵与教学建构[J]. 英语学习（12）：5-8.

柳夕浪，2014a. 从“素质”到“核心素养”:关于“培养什么样的人”的进一步追问[J]. 教育科学研究（3）：5-11.

柳夕浪，2014b. 走向深度的课程整合[J]. 人民教育（4）：37-40.

柳夕浪，2014c. 教学评价的有效突破：首届基础教育国家级教学成果奖评析之五［J]. 人民教育（23）：32-35.

柳夕浪，张珊珊，2015. 素养教学的三大着力点[J]. 中小学管理（9）：7-10.

牛朝晖，王松，2017. 大数据环境下网络教育之变革[J]. 中国成人教育（10）：39-41.

裴新宁，刘新阳，2013. 为21世纪重建教育：欧盟“核心素养”框架的确立[J]. 全球教育展望，42（12）：89-102.

亓鲁霞，2007. 高考英语的期望后效与实际后效：基于短文改错题的调查[J]. 课程·教材·教法，27（10）：43-46.

邵朝友，周文叶，崔允漷，2015. 基于核心素养的课程标准研制：国际经验与启示[J]. 全球教育展望，44（8）：14-22.

沈新荣，2015. 基于项目学习的高中地理校本课程设置[J]. 教学与管理（7）：35-37.

盛迪韵，2007. 日本小学英语课程资源的开发和利用：对东京一所小学的考察[J]. 外国中小学教育（12）：59-62.

施嘉平，2002.“主题式教学”的实践研究：任务型学习模式在小学英语教学中的运用[J]. 课程·教材·教法（2）：30-35.

施久铭，2014.“一师一卷”：用“考试”打败考试——一所小学从评价改革到核心素养的实践探索［J]. 人民教育（21）：56-60.

首新，胡卫平，陈明艳，2017. CBA情境中的问题解决能力测评及启示[J]. 教育测量与评价（9）：19-25.

束定芳，2005. 外语教学改革：问题与对策[M]. 上海：上海外语教育出版社.

束定芳，2014. 外语课堂教学中的问题与若干研究课题[J]. 外语教学与研究，46（3）：446-455.

宋书文，1989. 管理心理学词典[M]. 兰州：甘肃人民出版社.

孙菊如，陈春荣，谢云，等，2018. 课堂教学艺术[M]. 北京：北京大学出版社.

汤燕瑜，刘绍忠，2003. 教师语言的语用分析[J]. 外语与外语教学（1）：19-23.

陶百强，2017. 基于核心素养的英语学考与高考命题探讨[J]. 中国考试（4）：25-33.

王可，2006. 中小学生写作与思维的关系[J]. 中国教育学刊，（10）：62-65.

王淑敏，2010. 基于网络教学平台英语课程资源建设与应用[J]. 中国教育信息化（15）：50-52.

王烨晖，辛涛，2015. 国际学生核心素养构建模式的启示[J]. 中小学管理（9）：22-25.

魏永红，2002. 英语教育目的再认识：从新颁布的《英语课程标准》谈起[J]. 教育科学，18（5）：36-38.

文秋芳，张伶俐，孙旻，2014. 外语专业学生的思辨能力逊色于其他专业学生吗？[J]. 现代外语，37（6）：794-804.

吴刚平，2009. 中小学课程资源开发和利用的若干问题探讨[J]. 全球教育展望，38（3）：19-24.

西堡，2016. 信息化教育神话是否存在[J]. 全球教育展望，45（11）：22-31.

夏谷鸣，2018. 读后续写：英语学科核心素养的一种评价途径[J]. 中小学外语教学（中学篇）（1）：1-6.

夏纪梅，2017. 如何评价英语教学与考评是否助力师生思维能力发展[J]. 英语学习（下半月刊）（9）：50-53.

辛涛，2016. 学业质量标准：连接核心素养与课程标准、考试、评价的桥梁[J]. 人民教育（19）：17-18.

辛涛，姜宇，2015. 以社会主义核心价值观为中心构建我国学生核心素养体系[J]. 人民教育（7）：26-30.

辛涛，姜宇，林崇德，等，2016. 论学生发展核心素养的内涵特征及框架定位[J]. 中国教育学刊（6）：3-7.

辛涛，姜宇，刘霞，2013. 我国义务教育阶段学生核心素养模型的构建[J]. 北京师范大学学报（社会科学版）（1）：5-11.

辛涛，姜宇，王烨辉，2014. 基于学生核心素养的课程体系建构[J]. 北京师范大学学报（社会科学版）（1）：5-11.

熊丽萍，2018. 在读写课中培养学生的高阶思维能力[J]. 中小学外语教学（中学篇）（7）：50-55.

徐娜，2017. 如何在英语课堂中培养学生的思维品质：以绘本教学为例[J]. 中小学英语教学与研究（11）：24-28.

徐启龙，2009. 英语词汇教学的新工具：网络语料库的运用[J]. 全球教育展望，38（8）：90-93.

杨向东，2012. 基础教育学业质量标准的研制[J]. 全球教育展望，41（5）：32-41.

杨向东，2015. "真实性评价"之辨[J]. 全球教育展望，44（5）：36-49.

杨向东，2018. 指向学科核心素养的考试命题[J]. 全球教育展望，47（10）：39-51.

杨秀岚，2013. 英语隐性课程资源的开发和利用[J]. 教学与管理（10）：87-89.

姚林群，郭元祥，2012. 中小学学业质量标准的理论思考[J]. 教育研究与实验（1）：30-34.

殷刚魁，赵登明，2007. 西部中学生英语课程资源利用情况调查分析：以甘肃省为例[J]. 课程·教材·教法，27（5）：43-46.

应惠兰，何莲珍，周颂波，1998. 大学公共英语教学改革：以学生为中心的主题教学模式[J]. 外语教学与研究（4）：22-26.

俞红珍，2005. 课程内容、教材内容、教学内容的术语之辨：以英语学科为例[J]. 课程·教材·教法，25（8）：49-53.

袁顶国，朱德全，2006. 论主题式教学设计的内涵、外延与特征[J].

课程·教材·教法，26（12）：19-23.

张春莉，马晓丹，2017. 布卢姆教育目标分类学修订版在数学学科中的应用[J]. 课程·教材·教法，37（1）：119-124.

张春青，2015. 高考英语语法填空题构念效度的 Rasch 模型分析[J]. 现代外语，38（2）：258-268.

张华，2019. 论学科核心素养：兼论信息时代的学科教育[J]. 华东师范大学学报（教育科学版）（1）：55-65.

张金泉，臧国宝，2005. 信息技术与课程整合环境下的英语教学模式[J]. 高等教育研究，26（12）：79-82.

张金秀，2016. 英语学科思维品质培养面临的困境与对策[J]. 中小学外语教学（中学篇）（7）：6-11.

张蕾，2015. 彰显学科特色，突出核心素养：试论“语文探究式教学”的有效实施[J]. 东北师大学报（哲学社会科学版）（6）：249-253.

张娜，2013. DeSeCo 项目关于核心素养的研究及启示[J]. 教育科学研究（10）：39-45.

张强，邱筠，2016. 高中英语主题读写教学的尝试[J]. 基础外语教育，18（4）：76-81.

张泰刚，2014. 英语词汇教学中培养学生思维能力的策略[J]. 中小学英语教学与研究（12）：13-16.

张泰刚，2017. 英语教学中学生思维灵活性发展的问题与对策[J]. 中小学英语教学与研究（11）：20-23.

张廷凯，2012. 基于课程资源的有效教学研究[J]. 课程·教材·教法，32（5）：3-7.

张卫，2016. 我国高考外语“一年多考”面临的问题及解决路径分析[J]. 中小学英语教学与研究，（12）：55-59.

张志远，2007. 英语信息化教学系统：信息技术与英语教学的有机整合[J]. 中国教育信息化（5）：14-16.

郑秋秋，2008. 高中英语“影视欣赏”校本课程开发与教学模式的探索[J]. 课程·教材·教法，28（3）：54-58.

郑葳，刘月霞，2018. 深度学习：基于核心素养的教学改进[J]. 教育研究（11）：56–60.

郑晓鸥，2007. 基于 WebQuest 的高中英语主题教学模式探究[J]. 中国电化教育（3）：89–91.

周彬，2018. 指向核心素养的课堂转型研究[J]. 教师教育研究，30（2）：94–99.

图书在版编目（C I P）数据

核心素养下的英语教学理念与实践 / 程晓堂著. -- 南宁 : 广西教育出版社, 2021.1（2025.4 重印）
（中国外语教育研究丛书 / 刘道义主编）
ISBN 978-7-5435-8843-1

Ⅰ. ①核… Ⅱ. ①程… Ⅲ. ①英语-教学研究 Ⅳ. ①H319.3

中国版本图书馆 CIP 数据核字(2020)第 201360 号

策　　划：黄力平
组稿编辑：黄力平　陶春艳
责任编辑：陶春艳
装帧设计：刘相文
责任校对：钟秋兰
责任技编：蒋　媛
封面题字：李　雁

出 版 人：石立民
出版发行：广西教育出版社
地　　址：广西南宁市鲤湾路 8 号　　邮政编码：530022
电　　话：0771-5865797
本社网址：http://www.gxeph.com
电子信箱：gxeph@vip.163.com
印　　刷：广西民族印刷包装集团有限公司
开　　本：787 mm×1092 mm　1/16
印　　张：14.75
字　　数：220 千字
版　　次：2021 年 1 月第 1 版
印　　次：2025 年 4 月第 12 次印刷
书　　号：ISBN 978-7-5435-8843-1
定　　价：38.00 元